W0075082

FOOD SWAP

Selbst gemachte Köstlichkeiten
zum Tauschen und Teilen

FOOD SWAP

Selbst gemachte Köstlichkeiten
zum Tauschen und Teilen

YELDA YILMAZ
SWANTJE HAVERMANN

VORWORT

Selbermachen macht Spaß.
Teilen macht Freude.
Und Tauschen macht glücklich.

Seit Anfang 2014 bringt der Food Swap, Deutschlands offizielle Tausch-Community für von Hand gemachte Leckereien, Genussmenschen in entspannter Atmosphäre an eine gemeinsame Tafel. Menschen, die mit den eigenen Händen und viel Leidenschaft Süßkartoffel-Limetten-Chutney einkochen, Walnussbrot backen oder Macarons verzieren. Menschen, die ihre kulinarischen Kostbarkeiten mit anderen teilen und dabei Freude am Entdecken neuer Rezepte haben, Experimente wagen und Inspirationen suchen. Und Menschen, die das glücklich macht.

Das ursprüngliche Konzept des Food Swaps stammt aus Amerika, wo schon seit vielen Jahren Märkte stattfinden, auf denen nicht mit Geld, sondern mit den eigenen Produkten bezahlt wird – also tauscht. Weil aber nichts mehr verbindet, als gemeinsames Essen, kam uns eine Idee: Warum treffen wir uns zum Tauschen nicht zu einem gemütlichen Abend an einer langen Tafel, teilen unsere selbst gemachten Köstlichkeiten mit Gleichgesinnten, lernen neue Rezepte kennen, lassen uns inspirieren und teilen Tipps und Geschichten über das Einkochen, Einlegen und Backen? Schon lange hatten wir den Wunsch, solch einen Raum zu schaffen, und die gemeinsame Leidenschaft für Selbstgemachtes zu teilen. Gleichzeitig wollten wir regionale und saisonale Speisen und Lebensmittel ins Bewusstsein rufen. Der nachhaltige Umgang mit Produkten spielt für uns eine sehr große Rolle: Anstatt gedankenlos zu konsumieren, tagtäglich Unmengen an Lebensmitteln zu verschwenden und Obst das ganze Jahr um die halbe Welt fliegen zu lassen, suchten wir nach einer Alternative. Einer Alternative, die uns guten Gewissens und gleichzeitig nährstoffreich und schmackhaft genießen lässt. Mit Obst und Gemüse aus dem eigenen Anbau oder zumindest dem eigenen Land, mit Resten aus dem Kühlschrank, die sich noch perfekt zum Experimentieren eignen – und vor allen Dingen mit Methoden, die für viele erst einmal angestaubt und unmodern wirken mögen, nach einigen Versuchen aber ganz schnell zu einer großen Leidenschaft werden: Konservieren aller erdenklichen Rezepte, Geschmäcker und Ideen.

Inzwischen findet unser Hamburger Food Swap regelmäßig statt und wir sind sehr glücklich und auch ein bisschen stolz, dass unsere Idee einen so großen Anklang gefunden hat.

Seither sind unzählige kreative Rezeptideen zusammengekommen, von der Marmelade aus aromatischen Früchten bis zur gesalzenen Karamellcreme – alle in unserer Runde probiert und für so gut befunden, dass wir sie in diesem Buch nun auch mit euch teilen möchten. Dazu findet ihr eine große Auswahl unserer eigenen, lang ausgetüftelten und vielfach getesteten Rezepte. Neben kreativen Inspirationen und detaillierten Anleitungen für selbst gemachte Produkte, die sich perfekt zum Swappen oder Verschenken eignen, haben wir außerdem die besten Tipps und Tricks fürs Einkochen, Fermentieren und Einlegen für euch gesammelt.

Viel Freude beim Kochen, Tauschen, Verschenken und gemeinsamen Genießen wünschen euch

Swantje und Yelda

BROT

STARTER UND ANSTELLGUT
FÜR KLASSISCHEN SAUERTEIG

ZUTATEN

1kg helles Weizenmehl
1kg Vollkornweizenmehl
handwarmes Wasser
(kein kochendes Wasser!)

Für den Starter beide Mehle in einer Schüssel mischen und zur Seite stellen.

100 ml handwarmes Wasser in ein großes Weckglas oder eine weitere Schüssel geben. 100 g der Mehlmischung dazugeben und mit den Fingern vermischen. Mit einem Tuch bedecken und bei Raumtemperatur gehen lassen, bis die Masse anfängt Blasen zu schlagen. Das dauert ca. 2–3 Tage.

Nun geht es ans »Füttern«. 80 % der Masse des Mehl-Wasser-Gemischs abnehmen, als neuen Ansatz weiterführen oder entsorgen. 50 ml warmes Wasser und weitere 50 g der Mehlmischung dazugeben. Vorgang täglich wiederholen. Fertig ist der Starter, wenn er anfängt sauer zu riechen. In der Regel dauert das ca. 1 Woche.

Für das Anstellgut einen Tag vor dem Backen des Brotes 1 EL des Starters mit 200 ml warmem Wasser vermengen und mit den Händen gut durchmischen. 200 g der übrigen Mehlmischung dazugeben und gut durchkneten. Mit einem Tuch bedecken und ca. 12 Stunden gehen lassen. Zum Testen, ob das Anstellgut bereit ist, 1 EL davon in eine Schüssel mit warmem Wasser geben und schauen, ob es auf dem Wasser treibt. Wenn nicht, einfach noch eine Weile länger gehen lassen.

KLASSISCHES
SAUERTEIG-MISCHBROT
MIT WEIZEN

Dieses Brot erfordert Zeit und Geduld. Nach all dem Aufwand werdet ihr dennoch reichlich belohnt und das Brot schenkt euch Stolz und puren Genuss.

FÜR 2 BROT-LAIBE

200 g	Anstellgut (siehe Seite 13)
700 ml	warmes Wasser plus etwas Wasser zum Kneten
900 g	Weizenmehl
200 g	Vollkornweizenmehl
20 g	feines Meersalz
100 g	Dinkelmehl

In einer großen Schüssel 200 g Anstellgut und 700 ml warmes Wasser mit einem Löffel vermengen.

Das Weizenmehl mit der Hälfte des Vollkornweizenmehls in einer zweiten Schüssel mischen und anschließend in die größere Schüssel zu dem Wasser mit Anstellgut geben. Gut vermengen, bis kein trockenes Mehl mehr übrig bleibt. Der Teig sollte schwer und klebrig sein. Mit einem sauberen Küchentuch abgedeckt 25–40 Minuten bei Zimmertemperatur gehen lassen.

Meersalz und 50 ml warmes Wasser in den Brotteig hineinkneten. Der Teig fällt am Anfang etwas auseinander, ihr müsst ihn einfach lange genug weiter durchkneten. Noch mal bedecken und weitere 30 Minuten an einem warmen Ort gehen lassen.

Teig von allen Seiten zur Mitte hin falten und wieder 30 Minuten ruhen lassen. Vorgang für insgesamt 3 Stunden wiederholen.

Arbeitsfläche bemehlen und den Teig darauf in 2 Stücke teilen. Wieder von allen 4 Seiten in sich falten, erneut 30 Minuten ruhen lassen. Ein letztes Mal gut bemehlen und falten, weitere 3–4 Stunden ruhen lassen.

Das Dinkelmehl mit dem übrigen Vollkornweizenmehl auf der Arbeitsfläche vermengen. Die Brote damit gut bestäuben und von allen Seiten darin wälzen.

Ofen auf 250 Grad (Ober-/Unterhitze) vorheizen und einen Bräter darin heiß werden lassen. Brotlaib in den Bräter geben und mit Deckel 20 Minuten backen. 20 weitere Minuten ohne Deckel fertig backen, sodass die Kruste schön kross wird. Mit dem zweiten Brotlaib ebenso verfahren.

KÜRBISKERNBROT

von Charlotte

Dieses Brot benötigt keine aufwendige Vorbereitungszeit, ist schnell gemacht und es duftet zudem von Anfang an großartig.

**FÜR 1 KASTENFORM,
CA. 2 L VOLUMEN**

1 TL	Kümmelsamen
1 TL	Fenchelsamen
1 Msp.	Anis
450 g	Dinkelmehl
100 g	Haferflocken
1 Pck.	Trockenhefe
70 g	Sonnenblumenkerne
70 g	Kürbiskerne, plus 2 Handvoll für die Form und zum Bestreuen
1 EL	Kürbiskernöl
700 ml	warmes Wasser
1 TL	Rohrzucker
2 TL	Salz etwas Butter für die Form Salz und Pfeffer

Kümmelsamen, Fenchelsamen und Anis in einer Pfanne ohne Fett anrösten, bis sie duften.

Alle anderen Zutaten in eine Schüssel geben, gut miteinander vermengen und anschließend durchkneten.

Die gerösteten Samen und den Anis dazugeben und nochmals kneten.

Den Teig abgedeckt an einem warmen Ort mindestens 1 Stunde gehen lassen.

Nochmals durchkneten. Die Kastenform buttern, mit einer Handvoll Kürbiskernen auskleiden. Teig hineinlegen und mit einer weiteren Handvoll Kürbiskerne bestreuen.

Das Brot in den kalten Ofen stellen und bei 170 Grad (Umluft) 1 Stunde backen.

BROT MIT
KARAMELLISIERTEN WALNÜSSEN
UND ROSMARIN

Wir backen dieses Brot am liebsten mit karamellisierten Walnüssen. Ihr könnt diese allerdings ganz nach euren Vorlieben durch andere Nüsse ersetzen. Eine schöne Alternative sind zum Beispiel Mandeln.

FÜR 1 BROT

250 g	Weizenmehl
250 g	Weizenvollkornmehl
½ TL	Trockenhefe
200 ml	lauwarmes Wasser
100 ml	Bier
1 EL	heller Essig (Apfel- oder Weißweinessig)
1 EL	Salz
50 g	Zucker
2 EL	Wasser
150 g	Walnüsse
2 Zw.	Rosmarin, frisch
1½ TL	grobes Salz

Mehlsorten mischen und mit der Hefe vermengen. Wasser, Bier, Essig und Salz dazugeben und mit bemehlten Händen zügig kneten, bis ein glatter Teig entsteht.

Teig zu einer Kugel formen, leicht bemehlen und in einer Schüssel mit einem Handtuch abgedeckt ca. 8–12 Stunden an einem warmen Ort gehen lassen.

Zucker und Wasser in einer Pfanne karamellisieren. Nüsse grob hacken, Rosmarin klein hacken und mit dem Salz zusammen in das Karamell geben, umrühren und auskühlen lassen.

Den Teig auf eine bemehlte Arbeitsfläche legen und Nüsse kurz unterkneten. Eine Kugel formen und alles noch mal 1–2 Stunden abgedeckt ruhen lassen.

Den Ofen auf 200 Grad (Ober-/ Unterhitze) vorheizen. Den Laib mit einem scharfen Messer der Länge nach einschneiden und bemehlen. Auf ein mit Backpapier ausgelegtes Backblech geben.

Auf mittlerer Schiene ca. 30 Minuten backen. Die Temperatur auf 175 Grad reduzieren und 20 Minuten weiterbacken. Das Brot ist fertig, wenn es beim Klopfen auf die Unterseite hohl klingt.

RUSTIKALES KARTOFFELBROT

Wir sagen: Traut euch. Es muss nicht immer das aufwendige Brot sein, das 20 Stunden gehen muss. Oder Anstellgut, Sauerteig, Vorteig etc. braucht. Manchmal reicht auch ein schneller, simpler Brotteig mit Hefe. Dieses Kartoffelbrot kann man auch mit Vollkorn-Weizenmehl backen, statt mit Weizenmehl. Der Teig ist so unkompliziert, und das Brot ist in weniger als zwei Stunden fertig. Wer für das Kneten des Teiges keine Küchenmaschine besitzt, nimmt einfach seine Hände. Das dauert vielleicht ein bisschen länger, gibt dafür aber Muckis.

FÜR 2 BROTE

750 g	mehlige Kartoffeln
4 TL	Salz
130 ml	warmes Kartoffel-kochwasser
1 EL	Trockenhefe
2 EL	Olivenöl
700 g	Weizenmehl

Kartoffeln gut waschen, eventuell abbürsten und mit Schale vierteln. Mit 2 TL Salz in einen Topf geben und kochen, bis sie weich sind.

130 ml Kochwasser abnehmen und beiseitestellen. Kartoffeln aus dem Kochwasser nehmen und ausgebreitet abdampfen lassen, bis sie vollständig trocken sind.

Kartoffeln in eine Rührschüssel geben und mit einem Kartoffelstampfer zerdrücken. Alternativ in eine Rührschüssel geben, etwas andrücken und mit dem Handmixer und Knethaken bearbeiten. Hefe ins abgekühlte Kartoffelkochwasser geben und 5 Minuten quellen lassen.

Hefe-Mischung und Olivenöl zu den Kartoffeln geben. Auf niedriger Stufe rühren, bis eine glatte Masse entsteht. Mehl und übriges Salz hinzugeben. Weitere 2 Minuten in der Küchmaschine oder mit dem Handmixer kneten. Die Geschwindigkeit erhöhen und nochmals 10 Minuten kräftig durchkneten. Der Teig ist zu Beginn sehr fest und krümelig, wird aber durch das Kneten weicher.

Mit einem Handtuch abdecken und bei Raumtemperatur 30 Minuten gehen lassen.

Arbeitsfläche bemehlen. Teig halbieren, zu zwei Laiben formen und diese weitere 30 Minuten bei Raumtemperatur ruhen lassen.

Backofen auf 180 Grad (Ober-/Unterhitze) vorheizen. Etwa 45 Minuten auf einem mit Backpapier ausgelegten Backblech backen, bis sie eine schöne braune Kruste bekommen. Fertig sind die Brote, wenn sie beim Klopfen auf die Unterseite hohl klingen.

SCHNELLES MÖHRENBROT
von Nina

Dieses Brot kommt ohne jegliche Gehzeit aus und ist in einer Stunde gemacht. Perfekt, wenn es mal schnell gehen muss, man aber nicht auf selbst gebackenes Brot verzichten möchte. Durch die Möhren ist es außerdem schön saftig.

FÜR 1 BROT

500 g	Dinkelmehl
½ TL	Natron
1 Pck.	Backpulver
2 TL	Salz
350 g	Joghurt
1	Ei
200 g	Möhren
150 g	gemischte Körner, beispielsweise Sonnenblumen- oder Kürbiskerne
2 EL	Hirse

Ofen auf 190 Grad (Ober-/ Unterhitze) vorheizen.

Mehl, Natron, Backpulver und Salz in einer Schüssel vermischen.

Joghurt und Ei in einer weiteren Schüssel verquirlen. Möhren waschen, raspeln und unter das Joghurt-Ei-Gemisch rühren.

Die Hälfte der Körner und die Karotten-Mischung in die Schüssel mit dem Mehl geben und vermengen. Mit bemehlten Händen kneten, bis ein glatter Teig entsteht. Falls der Teig zu feucht ist, einfach noch etwas Mehl zugeben. Der Teig sollte nicht so fest wie ein Hefeteig sein.

Die Hirse mit den übrigen Körnern vermengen. Aus dem Teig einen ovalen Laib formen. Diesen anschließend in der Hirse-Körner-Mischung wälzen und mit einem scharfen Messer einschneiden.

Im Ofen auf einem mit Backpapier belegten Backblech ca. 45–50 Minuten backen, bis das Brot eine schöne, goldene Kruste hat.

BROT
MIT JOGHURT

Dieses Brot backen wir, wenn wir in relativ kurzer Zeit ein leckeres Brot mit feinkörniger Krume haben wollen. Der Joghurt verleiht ihm einen leicht säuerlichen Geschmack, der ein wenig an Sauerteig erinnert. Ihr könnt den Teig sowohl als Brot als auch als Brötchen backen. Wir haben ihn hier in einer Kastenform gebacken, aber auch als Laib schmeckt er selbstverständlich genauso gut.

FÜR 1 GROSSES RUNDES BROT ODER 6–8 KLEINE BRÖTCHEN

42 g	Hefe (1 Würfel)
100 ml	lauwarmes Wasser
1 EL	Zucker
300 g	dunkles Roggenmehl
300 g	Weizenmehl
12 g	Salz
500 g	Joghurt (Zimmertemperatur)
1 EL	Olivenöl

Hefe im Wasser auflösen, Zucker dazugeben und 5 Minuten gehen lassen.

Beide Mehlsorten und Salz mischen. Joghurt und Öl mit der Hefe vermengen. Zur Mehlmischung dazugeben und alles mit bemehlten Händen zu einem glatten, leicht klebrigen Teig verkneten.

Zugedeckt an einem warmen Ort ca. 30 Minuten gehen lassen, bis sich der Teig verdoppelt hat.

Teig auf eine gut bemehlte Arbeitsfläche legen. Mit bemehlten Händen noch einmal durchkneten. Je nach Wunsch Brötchen oder Brot formen.

Brötchen oder Brot mit einem scharfen Messer einschneiden, mit Mehl bestäuben und zugedeckt 15 Minuten an einem warmen Ort ruhen lassen.

Backofen auf 200 Grad (Ober-/Unterhitze) vorheizen.

Brot im vorgeheizten Ofen auf einem mit Backpapier ausgelegten Backblech oder in einer bemehlten Kastenform ca. 45 Minuten, Brötchen ca. 20 Minuten backen. Es ist fertig, wenn es beim Klopfen auf die Unterseite hohl klingt. Sollte es zu schnell bräunen, einfach mit Backpapier oder Alufolie bedecken.

EXTRA

Mit verschiedenen weiteren Zutaten wie Walnüssen, getrockneten Tomaten, Oliven, Kräutern oder Sonnenblumenkernen im Teig könnt ihr das Brot sehr gut variieren.

BROT
OHNE MEHL

Viele von euch kennen dieses Brot sicherlich bereits. Auch wir haben uns von Sarah Brittons »Life chanching bread« inspirieren lassen. Wichtig für den Teig ist, dass ihr die Schalen der Flohsamen nehmt. Diese bekommt man in der Gesundheitsabteilung von Drogerien, in Reformhäusern oder im Bioladen. Wenn ihr dann auch glutenfreie Haferflocken verwendet, ist das Brot glutenfrei.

FÜR 1 KASTENFORM

145 g	feine Haferflocken
135 g	Sonnenblumenkerne
100 g	Leinsamen
65 g	ganze Mandeln
4 EL	Flohsamenschalen
1 TL	Meersalz
3 EL	Kokosöl
350 ml	Wasser
1 EL	Agavendicksaft

Alle trockenen Zutaten in einer Schüssel vermengen.

Kokosöl schmelzen, Wasser und Agavendicksaft dazugeben und verrühren. Zu den trockenen Zutaten in die Schüssel geben und gut durchmischen, bis ein feuchter Teig entstanden ist.

Brotteig in eine mit Backpapier ausgelegte Kastenform geben, glatt streichen. Abgedeckt mindestens 2 Stunden – besser über Nacht – bei Raumtemperatur ruhen lassen.

Ofen auf 175 Grad (Umluft) vorheizen. Brot zunächst 20 Minuten backen. Aus der Kastenform stürzen und mit der Oberseite nach unten direkt auf das Gitter legen. Weitere 30–40 Minuten backen. Das Brot ist fertig, wenn es beim Daraufklopfen hohl klingt.

Vor dem Aufschneiden unbedingt vollständig auskühlen lassen! Luftdicht verpackt hält das Brot bis zu 5 Tage.

BROT OHNE KNETEN

Vom New Yorker Bäcker Jim Lahey und seinem
»No Knead Bread« inspiriert

Wenn man sich die Zubereitung dieses Brotes durchliest, bekommt man erst mal einen kleinen Schock. So viel, was man beachten muss! Aber es ist definitiv das leckerste Brot, das man zuhause backen kann, wenn man Brot mit einer festen, braunen Kruste und saftigen, grobporigen Krume liebt.

Im Gegenzug muss man im Prinzip kaum etwas machen. Die wenigen kleinen Hefe-Helfer schuften sehr lange für einen Teig, der weder geknetet noch gerührt werden muss. Die Geduld zahlt sich am Ende aus: Es schmeckt um Welten besser, als jedes Weißbrot, das man kaufen kann.

Wer dieses Brot backen möchte, sollte wissen, dass es immer erst am nächsten Tag fertig wird.

Die wenigen Zutaten sollte man lieber genau abwiegen. Bei zu viel Salz wird das Brot schnell zu braun, bei zu viel Wasser geht der Teig zunächst schnell, dafür beim Backen nicht mehr auf. Das Verhältnis von Hefemenge und Gehzeit ist ganz wichtig. Wenn man zu viel Hefe nimmt und den Teig wie vorgegeben lange gehen lässt, riskiert man ein »Übergehen«. Also am besten genau an die Angaben halten, dann gelingt dieses fantastische Brot auch.

FÜR 1 BROT

435 g	helles Weizenmehl (Type 550)
12 g	Meersalz
1 g	Trockenhefe (entspricht ¼ TL)
350 ml	Wasser

Alle drei trockenen Zutaten in einer Rührschüssel miteinander mischen. Wasser dazugeben und mit dem Küchenschaber rasch mischen, bis kein trockenes Mehl mehr sichtbar ist. Wichtig ist, dass ihr weder rührt noch knetet. Mit Frischhaltefolie abdecken und bei Zimmertemperatur stehen lassen.

Etwa 18 Stunden gehen lassen, bis viele kleine Bläschen auf der Oberfläche zu sehen sind. Ihr könnt gut erkennen, wenn der Teig fertig ist, denn dann zeigen sich lange Glutenstränge beim Schräghalten der Schüssel.

Backpapier auf einer Arbeitsfläche auslegen, Ecken beschweren und mit Mehl bestäuben. Teig bemehlen und auf die Arbeitsfläche stürzen.

Teig von allen Seiten einmal zur Mitte falten. Mit Mehl bestreuen und 15 Minuten ruhen lassen.

Ein sauberes Küchentuch großzügig mit Mehl bestreuen. Teig mit der Faltseite nach unten auf das Tuch legen. Nachmals bemehlen und mit einem weiteren Küchentuch zudecken. Teig weitere 2 Stunden gehen lassen. Er ist bereit für den Ofen, wenn eine mit dem Finger eingedrückte Stelle nicht sofort zurückspringt.

Ofen auf 250 Grad (Ober-/Unterhitze) vorheizen. Einen Bräter hineinstellen und heiß werden lassen.

Bräter aus dem Ofen nehmen, die Tür gleich wieder schließen, damit keine Hitze entweicht. Teig mit der Faltnaht nach oben rasch in den Bräter geben.

Auf der mittleren Schiene 30 Minuten mit geschlossenem Deckel, dann 15 Minuten ohne Deckel fertig backen. Fertig ist das weltbeste Weißbrot!

SCHROTBROT

Unser Schrotbrot benötigt etwas Zeit zum Ruhen, dafür ist es aber auch noch nach drei Tagen superfrisch und saftig.

**FÜR 1 KASTENFORM,
CA. 2 L FASSUNGSVERMÖGEN**

250 g	Roggenschrot
125 g	Dinkelschrot und etwas mehr für die Form
200 g	Buchweizenschrot
1 Pck.	Trockenhefe
1 EL	Salz
2 Btl.	Sauerteig à 75 g
4 EL	dunkler Zuckerrübensirup
250 ml	Buttermilch
200 ml	lauwarmes Wasser
250 g	Sonnenblumenkerne
50 g	Leinsamen
50 g	Sesam
	Butter für die Form

Alle Schrotsorten, Hefe und Salz in einer Schüssel vermengen.

Sauerteig, Zuckerrübensirup, Buttermilch und das lauwarme Wasser zugeben. Zuerst mit dem Knethaken des Mixers und dann zügig mit den Händen zu einem glatten Teig verkneten.

Mit einem sauberen Geschirrhandtuch zugedeckt an einem Ort (an der Heizung oder im 50 Grad warmen Ofen) 3 Stunden gehen lassen.

Eine Kastenform mit Butter fetten und mit Dinkelschrot bemehlen. Sonnenblumenkerne, Leinsamen und Sesam unter den Teig kneten. Sollte der Teig zu feucht sein, noch ein bisschen Dinkelschrot dazugeben.

Den Teig in die gefettete Kastenform füllen und 1 weitere Stunde zugedeckt an einem warmen Ort ruhen lassen.

Den Backofen auf 200 Grad (Ober-/ Unterhitze) vorheizen. Den Teig 15 Minuten backen. Temperatur auf 175 Grad reduzieren und das Brot weitere 30 Minuten backen. Sollte das Brot zu dunkel werden, könnt ihr es einfach mit Alufolie abdecken.

Das Vollkornbrot in der Form ca. 15 Minuten abkühlen lassen, bevor ihr es aus der Form heraus nehmt.

NAAN

Zu Eintöpfen, Currys und Suppen gibt es nichts Besseres als warmes Brot. Dieses Brot passt besonders gut zu indischen und asiatischen Gerichten. Aber auch zum Frühstück ist es eine schöne Alternative. Optional könnt ihr jegliche frische Kräuter hinzufügen.

FÜR 8 KLEINE FLADEN

1 EL	Vollrohrzucker
¾ TL	Trockenhefe
60 ml	lauwarmes Wasser
500 g	Mehl
¼ TL	Salz
1 ½ TL	Backpulver
1 TL	Natron
175 ml	Milch
250 g	griechischer Joghurt
50 g	Butter zum Bestreichen

Zucker und Hefe im warmen Wasser auflösen. 10 Minuten stehen lassen, bis die Mischung schäumt.

In einer Schüssel Mehl, Salz, Backpulver und Natron mischen.

Milch handwarm erwärmen. Mit dem Joghurt vermengen und das Hefegemisch unterrühren.

Eine Mulde ins Mehl drücken, feuchte Zutaten-Mischung hineingeben. Mit einem Holzlöffel mischen. Mit bemehlten Händen so lange kneten, bis ein geschmeidiger Teig entstanden ist. Der Teig sollte fest, aber trotzdem leicht klebrig sein. Abgedeckt ca. 1 Stunde an einem warmen Ort gehen lassen.

Teig vor der Verarbeitung noch mal gut durchkneten. In 8 gleiche Stücke teilen und zu Kugeln formen. Jede Kugel zu 1 cm dünnen Fladen drücken.

Butter zum Bestreichen schmelzen. Eine beschichtete Pfanne auf mittlerer Hitze erwärmen. Fladen mit der Butter von beiden Seiten bepinseln.

Fladen einzeln in die Pfanne geben und mit einem Deckel zuerst 1 Minute von der einen Seite braten, bis Blasen entstehen. Umdrehen und 2 Minuten ohne Deckel von der anderen Seite braten, bis der Fladen goldbraun ist. Wenn gewünscht, mit fein gehackten Kräutern bestreuen.

Fertige Fladen salzen und optional noch mal mit Butter bepinseln. Warm servieren.

BAGUETTE MIT TOMATEN UND BASILIKUM

von Sarah

Das Brot schmeckt durch die eingelegten Tomaten und das Basilikum so intensiv, dass es gar nicht mehr viel braucht. Etwas Butter, fertig!
Ihr könnt die Tomaten und das Basilikum natürlich auch durch andere Zutaten ersetzen: Oliven, Paprika, Petersilie, Oregano oder unserer Zwiebelmarmelade. (Seite 107)

FÜR 2 BAGUETTE

Für den Vorteig

50 g	Weizenmehl (Type 1050)
5 g	Sauerteig-Extrakt
50 ml	Wasser

Für den Brotteig

250 g	getrocknete Tomaten in Öl
3 Bund	Basilikum
10 g	Hefe (ca. ¼ Würfel)
275 ml	Wasser
500 g	Weizenmehl (Type 550)
1 EL	Salz
3 EL	Olivenöl

Am Vortag Mehl und Sauerteig-Extrakt mit Wasser vermischen. Abgedeckt 15 bis 20 Stunden bei Zimmertemperatur ruhen lassen.

Am nächsten Tag Tomaten in einem Sieb abtropfen lassen, dabei das Öl auffangen. Tomaten in feine Streifen schneiden. Basilikum waschen, trocken schütteln und die Blättchen fein schneiden.

Hefe mit lauwarmem Wasser in einer Schüssel auflösen. Mehl, Salz, den selbst angesetzten Vorteig und zum Schluss Olivenöl hinzufügen und alles gut vermengen.

Den Teig 10 Minuten in der Küchenmaschine (3 Minuten auf der langsamen, 7 Minuten auf schneller Stufe) oder von Hand durchkneten. Tomaten und Basilikum vorsichtig unterkneten. Abgedeckt in einer mit Öl ausgestrichenen Schüssel weitere 1 ½ Stunden bei Zimmertemperatur ruhen lassen.

Teig auf eine bemehlte Arbeitsfläche geben, halbieren und länglich formen. Teiglaibe auf ein Blech mit Backpapier legen und ein letztes Mal 30 Minuten ruhen lassen

Ofen auf 250 Grad (Ober-/Unterhitze) vorheizen, gleichzeitig ein mit Wasser benetztes Blech hineinstellen. Wenn die Temperatur erreicht ist, das heiße Blech herausnehmen und die Brote im Ofen auf die mittlere Schiene schieben. Temperatur auf 220 Grad reduzieren. 30 Minuten goldbraun backen.

Noch heiß mit dem Öl der eingelegten Tomaten bestreichen.

FRÜCHTEBROT

von Manuela

Beim Food Swap wurde uns dieses Brot mit einer Spekulatius-creme (Seite 61) serviert. Aber auch einfach nur mit etwas Butter ist es unglaublich saftig und einfach lecker! Und zur Weihnachtszeit ist das Brot natürlich eine schöne Alternative zu Kuchen und Plätz-chen oder auch einfach zum Abendbrot.

**FÜR 2 KASTENFORMEN,
CA. 1,3 L FASSUNGSVERMÖGEN**

750 g	Äpfel
250 g	Rohrzucker
200 g	Rosinen
200 g	getrocknete Feigen, grob in Viertel geschnitten
125 g	Mandeln, grob gehackt
1 EL	Kakao
1 TL	Vanille
1 TL	Zimt
1 TL	Honigkuchengewürz
500 g	Dinkelmehl
1½ Pck.	Backpulver

Äpfel am Vortag waschen, entkernen und klein schneiden. In eine Schüssel geben, mit Zucker vermengen und am besten über Nacht stehen lassen.

Am nächsten Tag Backofen auf 175 Grad (Ober-/Unterhitze) vor-heizen und die restlichen Zutaten bereitstellen.

Alle Zutaten zu den Äpfeln geben, zuletzt Mehl und Backpulver. Die Zutaten mit den Händen gut vermengen und in zwei mit Butter gefettete Kastenformen füllen.

Auf mittlerer Schiene 75–90 Minuten backen. Das Früchtebrot aus-kühlen lassen und aus den Formen stürzen. Vorsichtig in Scheiben schneiden und mit Butter, Spekulatiuscreme oder pur genießen.

KLASSISCHER HEFEZOPF

Irmgard und Heinz liefern einen klassischen und einfach grandiosen Hefezopf. Irmgard ist im Grunde Schuld an unserer großen Einmachleidenschaft. Denn Irmgard ist Swantjes Oma und sie kocht alle Arten von Lebensmitteln ein, seitdem sie denken kann. Obwohl Irmgard und ihr Mann Heinz selbst noch nicht beim Food Swap waren, musste ihr Rezept also schon ehrenhalber einfach mit in unser Buch, nicht zuletzt, weil es so lecker ist. Beide sind mit Nutztieren und großen Obst- und Gemüsegärten aufgewachsen – und alle Produkte, auch das Fleisch, wurden eingekocht. Denn Gefriertruhen gab es damals in vielen Haushalten noch nicht. Das Konservieren in Gläsern war meistens die einzige Möglichkeit, Lebensmittel auf Vorrat anzulegen und so von selbst gezogenen und selbst angebauten Produkten zu leben. Für das Rezept ist Irmgard zuständig, aber Heinz hilft beim Teig ausrollen. Und das seit 59 Jahren – naja, zumindest sind die beiden schon so lang verheiratet.

FÜR 1 HEFEZOPF

250 ml	Milch
100 g	Butter
42 g	Hefe (1 Würfel)
500 g	Mehl
80 g	brauner Zucker
1 Pr.	Salz
optional	1 Eigelb zum Einpinseln

TIPPS

Alternativ könnt ihr statt eines Zopfes auch kleine Zimtschnecken rollen. Dafür 100 g Butter schmelzen, 90 g Zucker und 3 EL Zimt mischen. Teig ausrollen, mit Butter bestreichen und Zucker-Zimt-Mischung darüberstreuen. Teig wie einen Strudel straff zusammenrollen und in ca. 1,5 cm breite Streifen schneiden. Unbedingt die Backzeit anpassen. Ihr seht, vieles ist möglich. Und lecker allemal!

Für eine vegane Variante könnt ihr Pflanzenmilch – egal, ob Soja, Hafer, Reis oder Nuss – verwenden und ersetzt die Butter durch Margarine, z. B. Alsan. Der Teig kommt nämlich hervorragend ohne Ei aus.

Wer sich austoben möchte, rollt Nüsse, getrocknete Früchte oder riesige Schokostücke in den Teig mit ein.

Milch in einem Topf auf niedriger Stufe handwarm erwärmen, Butter und Hefe hineinbröseln und darin auflösen. 5 Minuten gehen lassen.

Mehl, Zucker und Salz in einer Schüssel mischen. Butter-Hefe-Milch-Gemisch dazugeben. Ordentlich mit den Händen oder den Knethaken des Handmixers durchkneten, bis ein glatter, geschmeidiger Teig entsteht.

Teig ca. 1/2 Stunde an einem warmen Ort gehen lassen, bis er sich verdoppelt hat. Perfekt dafür eignet sich beispielsweise Heizungsnähe oder ein Platz direkt unterhalb der Zimmerdecke – z. B. auf einem Küchenschrank.

3 Stränge von ca. 40 cm Länge ausrollen und locker flechten. Den Zopf auf ein mit Backpapier ausgelegtes Backblech legen und zugedeckt weitere 45 Minuten ruhen lassen.

Backofen auf 200 Grad (Umluft) vorheizen. Hefezopf auf mittlerer Schiene 25 Minuten backen. Die letzten 10 Minuten eventuell mit Alufolie abdecken.

Wer möchte, bepinselt den Zopf 10 Minuten vor Ende der Backzeit noch mit Eigelb, so bekommt er einen schönen Glanz.

HEFEBROT ZUM ZUPFEN /
MONKEY BREAD

Ihr könnt das Zupfbrot in einer Gugelhupfform, in einer Frankfurter-Kranz-Form, in einer einfachen Springform oder einer hohen Auflaufform backen. Wichtig ist allerdings, dass die Form wirklich dicht ist und keine Lücken aufweist, sonst läuft euch die Butter noch heraus.

**FÜR 1 HEFEBROT, MITTEL-
GROSSE GUGELHUPFFORM**

Für den Teig

300 g	Hokkaido-Kürbis
125 ml	Milch
50 g	Butter
42 g	Hefe (1 Würfel)
500 g	Mehl
1 TL	Salz
50 g	Vollrohrzucker
etwas	neutrales Speiseöl

Für den Überzug

200 g	Vollrohrzucker
2 TL	Zimt
120 g	Butter
etwas	Butter für die Form

Kürbis würfeln und in etwas Wasser weich kochen. Pürieren und anschließend abkühlen lassen.

Milch und Butter lauwarm erhitzen. Hefe hineinbröseln und auflösen. Mehl und Salz in einer Schüssel mischen. Hefe-Milch-Butter-Gemisch, Zucker und pürierten Kürbis dazugeben.

Teig auf einer bemehlten Arbeitsfläche mit bemehlten Händen durchkneten, bis er glatt und glänzend ist. Alternativ lässt er sich auch in der Küchenmaschine auf mittlerer Geschwindigkeit bearbeiten.

Eine Schüssel mit etwas Speiseöl fetten. Teig hineinlegen und mit einem feuchten Handtuch zugedeckt ca. 1 Stunde gehen lassen, bis er sich verdoppelt hat.

Für den Überzug Zucker und Zimt mischen. Butter schmelzen und bräunen.

Form mit etwas Butter einfetten. Arbeitsplatte bemehlen. Teig nochmals durchkneten. Teig dritteln und zu ca. 2,5 cm dicken Rollen verarbeiten. Diese in jeweils 2,5 cm große Stücke teilen.

Diese zu Bällchen formen, in die geschmolzene Butter tunken, dann im Zimt-Zucker-Gemisch wenden und in die Form schichten. Ein letztes Mal abgedeckt 1 Stunde ruhen lassen.

Ofen auf 175 Grad (Umluft) vorheizen. Das Zupfbrot 30–35 Minuten auf der mittleren Schiene backen.

Aus dem Ofen nehmen, 5 Minuten abkühlen lassen, anschließend stürzen. Es ist wichtig, dass ihr ihn auch direkt aus der Form nehmt, weil das Brot sonst zu fest wird und sich nicht mehr stürzen lässt.

BROTAUFSTRICHE
PIKANT & SÜSS

Harissa Gewürzpaste
45

Harissa-Dattel-Creme
von Erika
45

Liptauer Käse
von Gudrun
47

Pesto Trapanese
von Hannes
49

Rote-Beete-Hummus
51

Peperonata
von Christian
53

Petersilienpesto
54

Nuss-Honig mit Vanille
von Pauline und Jan
57

Gebranntes Mandelmus
58

Spekulatiuscreme
von Manuela
61

Schokoladenaufstrich
von Janina und Elisa
62

Lemon Curd
von Laura
65

Karamellcreme
von Anna
67

HARISSA GEWÜRZPASTE

FÜR 1 KLEINES GLAS

50 g	getrocknete Chilischoten
150 ml	kochendes Wasser
4	Knoblauchzehen
1	Paprika
2 TL	Koriandersamen
2 TL	Kreuzkümmelsamen
1 TL	Kümmelsamen
2 TL	Sumak (Essigbaumgewürz, gibt es im türkischen Supermarkt)
1 EL	Salz
½ TL	Cayennepfeffer
10 EL	Olivenöl

Ofen auf 200 Grad (Ober-/Unterhitze) vorheizen.

Chili in eine Schüssel geben, mit kochendem Wasser übergießen und 10 Minuten ziehen lassen. Knoblauch schälen und grob hacken.

Paprika waschen, vierteln, Fruchtgehäuse, Trennwände und Kerne entfernen und mit der Hautseite nach oben auf ein mit Backpapier ausgelegtes Blech legen. Etwa 8 Minuten rösten, bis die Haut schwarze Blasen wirft. Aus dem Ofen nehmen und mit einem feuchten Tuch bedecken. Abkühlen lassen, dann die Haut der Paprika entfernen und das Fruchtfleisch grob hacken.

Die Samen in einer Pfanne ohne Fett rösten, bis sie anfangen zu duften. Alle Samen in den Mörser geben und zerstoßen.

Chilischoten samt Flüssigkeit, geröstete und gemahlene Samen, Paprika, Sumak, Salz und Pfeffer in einen hohen Behälter geben und mit einem Stabmixer oder in der Küchenmaschine pürieren. Nach und nach Olivenöl zugeben, bis eine geschmeidige Paste entsteht.

In vorbereitete Gläser füllen, mit dem Öl bedecken und verschließen.

HARISSA-DATTEL-CREME
von Erika

FÜR 2 MITTELGROSSE GLÄSER

4	Frühlingszwiebeln
3	Knoblauchzehen
200 g	Datteln
200 g	Frischkäse
100 g	Schmand
1 TL	Harissacreme (siehe Rezept oben auf der Seite), ansonsten fertiges Harissa aus dem Glas
	Salz und Pfeffer

Harissa ist eine sehr scharfe Gewürzpaste aus Nordafrika, die aus bis zu 20 Gewürzen besteht, darunter Cayennepfeffer, Chili, Knoblauch, Koriander und Kreuzkümmel. Typischerweise wird sie zum Würzen von Couscous, Falafel oder als Marinade von Fleisch und Fisch verwendet. In Erikas Harissa-Dattel-Creme trifft die würzig-scharfe Paste auf die Süße der Datteln. Die Creme schmeckt zu Fladen- oder Naanbrot, aber auch ein kräftiges Graubrot kann den exotischen Aufstrich gut vertragen.

Frühlingszwiebeln waschen und klein schneiden. Knoblauch schälen und sehr fein hacken. Datteln entkernen und zerkleinern.

Frischkäse und Schmand in einer Schüssel vermengen. Frühlingszwiebeln, Knoblauch und Datteln hinzufügen und mit Harissa würzen. Mit Salz und Pfeffer abschmecken.

LIPTAUER KÄSE
von Gudrun

Liptauer ist ein pikanter Brotaufstrich auf Käsebasis aus der österreichischen und slowakischen Küche, der ursprünglich im Weinausschank gereicht wird. Der Name stammt von der gleichnamigen Region in der Slowakei. Zur traditionellen Zubereitung des original Liptauers benötigt man Brimsen, einen gesalzenen Frischkäse aus Schafsmilch.

Bei der originalen Form wird er nur mit Rosenpaprika, Kümmel, Pfeffer und geriebener Zwiebel gewürzt. Die verfeinerte Rezeptur mit Kapern, Sardellen oder Sardellenpaste kam erst später. Klein gewürfelte Salzgurken, Senf, Schnittlauch oder Kümmel passen ebenfalls gut in den Aufstrich hinein. Wer eine vegetarische Variante möchte, lässt einfach die Sardellenpaste weg. Gegebenenfalls müsst ihr dann noch etwas nachsalzen. Schmeckt zu einer frischen Scheibe Bauernbrot und einem guten Wein oder einem würzigen Bier.

FÜR 1–2 MITTELGROSSE GLÄSER

100 g	Zwiebeln
500 g	Brimsen

Alternativ

250 g	Schafskäse
250 g	Quark
5 cm	Sardellenpaste oder
3–4	Sardellenfilets in Öl
3 TL	Kapern
1 TL	Rosenpaprika

Zwiebeln schälen und grob würfeln. Brimsen oder Schafskäse in ein hohes Gefäß bröseln. Wenn ihr Schafskäse verwendet, noch den Quark dazugeben. Mit dem Stabmixer oder in der Küchenmaschine pürieren, bis eine sämige Masse entsteht.

Sardellenpaste, Kapern und Rosenpaprika dazugeben und gut vermengen. Falls der Aufstrich gleich serviert werden soll, in eine Schüssel füllen und je nach Geschmack mit Zwiebelringen, Schnittlauchröllchen und Paprikapulver garniert, genießen.

OPTIONAL
Feine Zwiebelringe oder Schnittlauchröllchen und Paprikapulver zum Garnieren

PESTO TRAPANESE
von Hannes

Hannes macht ein schnelles und sagenhaft leckeres Pesto Trapanese, das zu jeder Jahreszeit schmeckt. An diesem Pesto schätzt Hannes vor allem eines: Es geht super schnell, schmeckt aber trotzdem richtig, richtig gut. Der Tonmeister, der in London und Hamburg lebt, ist ein Genussesser, und er achtet sehr auf die Qualität der Produkte, mit denen er kocht. Lokal und biologisch muss sein. Und dieses Pesto, das seinen Namen übrigens von der sizilianischen Stadt Trapani hat, ist ein Alleskönner – schnell, frisch, saisonal unabhängig. Es lässt sich nämlich anders als der berühmte Klassiker, das Pesto Genovese, auch hervorragend im Winter zubereiten, denn frisches Basilikum spielt hier eine weniger dominante Rolle, und die Tomaten könnt ihr einfach mit welchen aus der Dose ersetzen. Am allerbesten schmeckt Hannes' Pesto natürlich mit frischer Pasta. Traut euch ruhig, die auch einmal selber zu machen – das ist leichter als gedacht. Das Pesto ist im Handumdrehen zubereitet, so dass man erst die Nudeln aufsetzt und währenddessen das Pesto zubereiten kann, damit am Ende ein tolles, einfaches Nudelgericht entsteht. Als Aufstrich passt das Pesto sowohl zu einem kräftigen Vollkornbrot als auch zu Weißbrot wie Ciabatta oder einem Baguette.

FÜR 1 MITTELGROSSES GLAS

50 g	Mandeln
200 g	Tomaten
1 Bd.	Basilikum
50 g	Parmesan
1	Knoblauchzehe
1	Chilischote
125 ml	Olivenöl
	Salz und Pfeffer

Mandeln ohne Fett in einer Pfanne anrösten. Tomaten und Basilikum waschen. Tomaten je nach Größe halbieren oder vierteln. Basilikumblätter zupfen.

Alle Zutaten außer das Öl, Salz und Pfeffer mit der Küchenmaschine oder einem Pürierstab zu groben, noch stückigen Masse verarbeiten.

Olivenöl dazugeben. Mit Pfeffer und Salz abschmecken.

OPTIONAL
Zum Garnieren ganze Basilikumblätter und grobe Parmesanspäne auf die Pesto Trapanese geben.

ROTE-BEETE-HUMMUS

Der erdige Geschmack der Rote Beete trifft auf den nussigen Geschmack der Kichererbsen und das frische Zitronenaroma. Wir essen den Hummus gern zu Fladenbrot oder dippen frisches Gemüse hinein. Die knallig rote Farbe dieser Hummus-Variation sorgt zusätzlich für den Wow-Effekt beim Essen.

FÜR 2 KLEINE GLÄSER

200 g	getrocknete oder vorgekochte Kichererbsen aus der Dose
1 TL	Natron
½	Bio-Zitrone, Saft
200 g	vorgekochte Rote Beete
1 EL	Kreuzkümmelsamen
1 TL	Kurkuma
1 EL	Tahin
2 EL	Olivenöl
	Salz und Pfeffer

OPTIONAL

Blattpetersilie, zusätzliches Olivenöl, geröstete Pininenkerne

Getrocknete Kichererbsen über Nacht einweichen. Am nächsten Tag mit frischem Wasser und 1 TL Natron ca. 1 Stunde weich kochen. Kichererbsen abgießen. Die vorgekochten Kichererbsen aus der Dose können direkt verarbeitet werden. Dafür die Kichererbsen einmal aus der Dose in ein Sieb schütten und abtropfen lassen.

Zitrone auspressen und Saft auffangen. Rote Beete in grobe Stücke schneiden.

Kichererbsen, Rote Beete und alle restlichen Zutaten (außer Salz und Pfeffer) in ein hohes Gefäß geben und mit dem Pürierstab pürieren, bis die Masse eine sämige Konsistenz erreicht.

Mit Salz und Pfeffer abschmecken. Zum sofort Servieren nach Belieben zusätzlich Olivenöl darüberträufeln, mit klein gezupfter Petersilie oder gerösteten Pinienkernen garnieren. Ansonsten Hummus in Schraubgläser füllen und mit einem ordentlichen Schuss Olivenöl bedecken, dann gut verschließen.

PEPERONATA

von Christian

Die feurig rote, pikante Peperonata noch warm oder auch kalt auf geröstetem Ciabatta-Brot servieren. Spaghetti oder andere Nudeln und sogar Kartoffeln passen auch klasse dazu. Ein gutes Glas Rotwein rundet das Ganze hervorragend ab!

FÜR CA. 2 GROSSE GLÄSER

2	rote Paprika
1	gelbe Paprika
1	Aubergine
2	Zucchini
2	Zwiebeln
1	Knoblauchzehe
1	Chili
1 Bd.	glatte Petersilie
1 Bd.	Basilikum
100 g	Pinienkerne
1 EL	Olivenöl zum Anbraten und
1 TL	später zum Abschmecken
5 cm	Tomatenmark
1 TL	Kräuter der Provence
800 g	gehackte Tomaten aus der Dose
1 TL	körnige Gemüsebrühe
200 g	Thunfisch mit Öl
200 g	Thunfisch ohne Öl
	Salz und Pfeffer

Gemüse waschen und trocken tupfen. Paprika der Länge nach halbieren, vom Stielansatz und Kernen befreien. In große Stücke schneiden. Aubergine grob mit dem Sparschäler von der Haut befreien, vierteln und in 1,5 cm große Streifen schneiden. Zucchini ebenfalls in ca. 1,5 cm Streifen teilen.

Zwiebeln und Knoblauch schälen. Zwiebeln in Scheiben schneiden. Knoblauch und Chili fein hacken. Petersilie und Basilikum waschen, trocken schütteln oder trocken tupfen und grob hacken.

Pinienkerne in der Pfanne ohne Öl goldbraun anrösten. Achtet darauf, dass sie nicht zu dunkel werden.

Zwiebeln in Olivenöl in einem Topf bei mittlerer Hitze andünsten, bis sie glasig werden. Tomatenmark, Knoblauch, Kräuter der Provence und Petersilie hinzugeben. Kurz mitdünsten.

Paprika, Aubergine und Zucchini mit der Chili hinzufügen, salzen, umrühren und den Deckel auflegen. Etwa 10 Minuten sanft köcheln lassen, dabei gelegentlich umrühren.

Tomaten zugeben und Gemüsebrühe einrühren. Ohne Deckel einkochen lassen. Thunfisch und Pinienkerne hinzufügen und weitere 3 Minuten mitköcheln. Immer wieder mal umrühren.

Mit Salz und Pfeffer abschmecken und Basilikum unterheben.

Noch heiß in sterile Gläser abfüllen und verschließen oder sofort mit Spaghetti oder Ciabatta genießen.

PETERSILIENPESTO

Petersilie und Zitrone verleihen dem Pesto eine besondere Frische, auch die Farbe ist kräftig grün und signalisiert, dass das Pesto nebenbei auch noch richtig gesund ist. Gerade in den warmen Sommermonaten essen wir es gern zu Pasta. Es schmeckt aber auch pur auf einem tollen Brot. Dieses Pesto reichen wir auch auf unseren Food-Swap-Veranstaltungen, wo es jedes Mal sehr gut ankommt.

FÜR 1 MITTELGROSSES GLAS

2	Handvoll Walnusskerne
1	Knoblauchzehe
2 Bd.	glatte Petersilie
150 ml	Olivenöl
100 g	Grana Padano oder Parmesan (ital. Hartkäse)
1	Bio-Zitrone, Abrieb und Saft Meersalz und frisch gemahlener bunter Pfeffer

Nüsse in einer Pfanne ohne Fett rösten, bis sie eine leichte Bräune bekommen. Knoblauch schälen und fein hacken. Petersilie waschen, trocken schütteln und die Blättchen von den Stielen zupfen.

Nüsse, Knoblauch und Petersilie im Mixer grob zerkleinern. Olivenöl hinzufügen, dabei das Pesto nicht zu fein pürieren.

Käse fein reiben und darunterziehen. Den Zitronensaft und -abrieb ebenfalls gut untermischen. Das Pesto großzügig mit Salz und Pfeffer abschmecken.

OPTIONAL
Walnusskerne durch geröstete Mandeln, Sonnenblumenkerne oder Cashewnüsse ersetzen.

NUSS-HONIG MIT VANILLE
von Pauline und Jan

Mit Honig, wie ihr ihn aus dem Supermarkt kennt, hat dieser hier gar nichts zu tun. Dieser hier ist nicht nur viel, viel schmackhafter, sondern auch herrlich variabel. Nicht umsonst ist er fester Bestandteil auf der Frühstückskarte in Paulines und Jans Café »Salon Wechsel Dich« in Hamburg, das die beiden seit fast drei Jahren gemeinsam führen – und uns dort regelmäßig für unsere Food-Swap-Abende willkommen heißen. Als Basis ihrer selbst gemachten Spezialität dient ein einfacher Blütenhonig, der sich mit Zutaten wie gerösteten Haselnüssen, Mandeln, Vanille und Zimt verfeinern lässt. Pauline und Jan probieren hier gerne aus und servieren zu ihrem Frühstück immer wieder andere Variationen und Geschmäcker.

FÜR CA. 3 GLÄSER

100 g	gemischte Nüsse, z. B. Cashewkerne, Haselnüsse, Macadamianüsse, Mandeln, Pecannüsse, Pistazien, Walnusskerne
1	Vanilleschote
500 g	flüssiger Honig

Nüsse grob hacken und in einer Pfanne ohne Fett rösten.

Vanilleschote längs halbieren, das Mark auskratzen und die Schote in drei Teile teilen. Den Honig in eine Schüssel geben und das Mark unterrühren.

Die gerösteten Nüsse und Vanilleschote auf vorbereitete Gläser verteilen. Den Honig zufügen. Den Rand der Gläser säubern und mit Deckeln verschließen.

GEBRANNTER MANDELAUFSTRICH

Dieser Brotaufstrich schmeckt zum Frühstück auf jedem Brot oder aber auch zwischendurch, wenn man Lust auf etwas Süßes hat. Ihr könnt die Mandeln durch Haselnüsse, Erdnüsse oder Pistazien ersetzen. Die Pistazienvariante ist sehr zu empfehlen. Kauft ihr sie noch in der Schale, braucht ihr zwar etwas Geduld und Fleiß, was aber mehr als belohnt wird. Wenn ihr den Aufstrich glatt mögt, püriert die gesamte Menge Mandeln ganz fein in der Küchenmaschine. Wir mögen den süßen Aufstrich mit der unten angegebenen Menge Salz und Zucker am liebsten – so ist es für uns perfekt. Aber auch hier könnt ihr selbstverständlich variieren und die Menge so anpassen, dass er euren Geschmack trifft..

FÜR 1–2 MITTELGROSSE GLÄSER

400 g	Mandeln
2,5 EL	Zucker
50 ml	Wasser
2–3 EL	Rapsöl
	Fleur de Sel

OPTIONAL

Besonders hübsch ist es, wenn der Aufstrich mit essbaren Blüten garniert wird. Kornblumen, Gänseblümchen, Lavendel oder Vergissmeinnicht sind nicht nur schön anzusehen, sondern sind auch geschmacklich toll dazu.

Mandeln in einer Pfanne ohne Fett anrösten. Die Hälfte der Mandeln in eine Küchenmaschine geben und so lange auf höchster Stufe zerkleinern lassen, bis eine cremige Masse entsteht.

Zucker und Wasser in eine Pfanne geben und bei mittlerer Hitze aufkochen lassen. Übrige Mandeln hinzufügen, gelegentlich umrühren und so lange köcheln lassen, bis das Wasser verdampft ist und »gebrannte« Mandeln entstehen. Sobald das Mandelgemisch zu knacken beginnt, sind die »gebrannten Mandeln« auch fertig. Auf keinen Fall länger köcheln lassen, ansonsten entsteht eine karamellartige, zähe Masse.

Die gebrannten Mandeln in zwei Hälften teilen. Eine Hälfte zu der bereits fertigen Mandelmasse in die Küchenmaschine geben und ebenfalls so lange fein zerkleinern, bis ein homogenes Mus entsteht. Öl hinzugeben und weitermixen, bis die Mandeln eine cremige und sämige Konsistenz erreicht haben. Das Fleur de Sel unterrühren.

Die übrigen Mandeln grob mit einem Messer auf einem Brett hacken und unter die Mandelmusmasse unterrühren, eventuell noch etwas mehr Öl dazu geben. In vorbereitete Gläser füllen und gut verschließen.

SPEKULATIUSCREME
von Manuela

Schmeckt auf frischem Hefezopf und Früchtebrot. Die Creme kommt natürlich in der Vorweihnachtszeit besonders gut an und ist als selbst gemachtes Geschenk oder als Mitbringsel beim Adventskaffee immer großartig. Auch für den Eigengebrauch ist die Creme wunderbar und verfeinert Gebäck, Süßspeisen und Desserts.

FÜR 2 KLEINE GLÄSER

300 g	Gewürzspekulatius
80 g	weiche Butter
20 g	flüssiger Honig
250 ml	Sahne
1 TL	Zimt
1,5 TL	Spekulatiusgewürz
2 Pr.	Salz

Spekulatius grob zerbröckeln, in einen Mixer geben und zerkleinern, bis die Kekse eine leicht cremige Konsistenz erreicht haben.

Butter schmelzen. Spekulatiusmasse, Honig, Sahne, Gewürze und Butter in eine Schüssel geben und alles gut miteinander vermengen, sodass eine homogene Creme entsteht. In ein Glas füllen und verschenken, teilen oder selber genießen!

EXTRA

Wenn ihr eure Creme lieber crunchy mögt, wie wir, könnt ihr 1/3 der Kekse nach dem Zerbröseln zur Seite stellen und erst zum Schluss untermengen.

SCHOKOLADENAUFSTRICH
von Janina und Elise

Janina und Elise machen verboten süßen Schokoaufstrich mit gerösteten Haselnüssen. Schwer zu sagen, wen wir süßer finden: Janinas selbst gemachten Schokoaufstrich oder ihre kleine Tochter. Ganz sicher ist, dass dieses Rezept viele Fans finden wird. Auch, wenn die kleine Familie viel Wert auf eine frische und ausgewogene Ernährung legt – Süßes muss einfach ab und an sein. Die selbst gemachte Schokocreme ist dabei eine feine Sache, denn hier wisst ihr genau, was ihr verschenkt oder tauscht: richtig gute Schokolade, kombiniert mit Zutaten aus dem Bioladen. Tatsächlich solltet ihr an der Qualität der Schokolade nicht sparen, das zahlt sich hinterher im Geschmack aus. Ihr Rezept hält Janina simpel und so, wie es hier steht, denn die Architektin mag es puristisch. Aber der Schokoaufstrich lässt sich auch hervorragend abwandeln. Ihr könnt einfach eine Handvoll Nüsse mehr zur Seite legen und sie später sehr grob gehackt zur Creme mit dazugeben, dann wird sie richtig schön crunchy. Auch der Schokoanteil lässt sich beliebig variieren: Verwendet ihr nur Zartbitterschokolade, wird der Aufstrich herber, nehmt ihr nur Vollmilchschokolade, süßer. Der fertige Aufstrich schmeckt herrlich auf einer dicken Scheibe selbst gemachtem Brot, im Naturjoghurt untergerührt oder zu frischen Pancakes mit Bananen.

FÜR 3–4 KLEINE GLÄSER

200 g	Haselnüsse
160 g	Zartbitterschokolade
400 g	Sahne
150 g	Vollrohrzucker
2 TL	Vanillezucker
5 EL	Kakaopulver, gehäuft
2 EL	Butter, gestrichen

Haselnüsse in einer Pfanne ohne Fett anrösten, bis sie anfangen zu duften. Schokolade zerkleinern und in einem Topf mit Sahne, Zucker und Vanillezucker bei mittlerer Hitze unter Rühren schmelzen.

Haselnüsse in ein sauberes Geschirrhandtuch geben und die Haut der Nüsse durch Rollbewegung mit dem Handtuch abrubbeln. Nüsse in die Küchenmaschine oder in einen Mixer geben. So lange auf höchster Stufe zerkleinern, bis ein Mus entsteht. Geschmolzene Schokoladensahne zu dem Nussmus dazugeben und beides gut miteinander vermengen. Kakaopulver dazusieben, Butter zufügen und mit dem Mus verrühren.

In sterile Gläser abfüllen.

LEMON CURD
von Laura

Lemon Curd ist ein typisch englischer Brotaufstrich. Ganz klassisch wird er mit Toastbrot oder Scones zum Nachmittagstee serviert. Er eignet sich aber auch zur Füllung von Torten, als Topping auf Cupcakes oder Tartes, pur als Dessert oder mit Joghurt serviert.

FÜR 1 GROSSES GLAS

5	Bio-Zitronen
170 g	Butter
300 g	Zucker
6	Eier

Zitronen heiß abwaschen. Schale abreiben und den Saft auspressen.

Schale und Saft der Zitronen mit Butterflocken und Zucker in einer Schüssel im Wasserbad bei hoher Temperatur aufkochen. Temperatur reduzieren.

Eier in einer weiteren Schüssel verquirlen. Wenn die Butter vollständig geschmolzen ist und die Zitronen-Butter-Zucker-Masse nur noch leicht köchelt, Eier unter Rühren dazugeben.

Mischung immer weiter aufschlagen, bis sie eine puddingartige Konsistenz erreicht hat.

In sterile Gläser abfüllen. Im Kühlschrank hält sich das Lemon Curd bis zu 2 Wochen.

EXTRA

Ihr könnt auch ein Mango-Lemon-Curd herstellen. Hierzu fügt ihr 300 g reifes und klein geschnittenes Mangofruchtfleisch zum Saft der Zitrone hinzu und püriert beides. Anschließend, Schale, Zitronen-Mangopüree und die übrigen Zutaten wie in Step 2 beschrieben im Wasserbad aufkochen und weiter fortfahren.

KARAMELLCREME
von Anna

Anna teilt mit uns gesalzene Karamellcreme, von der ihr garantiert nicht genug bekommen werdet. Anna kann gar nicht mehr aufzählen, wie oft sie ihre wirklich göttlich schmeckende Karamellcreme schon zubereitet, verschenkt oder getauscht hat. Das Rezept hat die Fotografin, Bloggerin und Foodverrückte aus Paris – und deswegen verwundert uns auch ihre Lieblingsvariante kein bisschen: Anna verwendet die gesalzene Karamellcreme besonders gern als Füllung für selbst gemachte Macarons. Die kleinen bunten Baisers sind Annas größte Leidenschaft, und ihre selbst gemachte salzige Füllung macht das Gebäck unschlagbar lecker und unkonventionell. Die Zubereitung der Karamellcreme ist im Grunde simpel, aber Anna warnt trotzdem zur Sorgfalt: Der Karamell darf auf keinen Fall verbrennen, denn dann wird er bitter. Geht alles gut, ist Annas salzige Karamellcreme das perfekte Mitbringsel für den nächsten Food Swap.

FÜR 2–3 MITTLERE GLÄSER

450 g	Zucker
4–6 EL	Wasser
210 g	Butter
2 TL	feuchtes Meersalz, gehäuft
250 g	Crème Double

Zucker in eine Pfanne geben, schmelzen, Wasser hinzufügen (Achtung: Das kann spritzen.) und unter ständigem Rühren karamellisieren.

Butter in Stückchen dazugeben und mit dem Karamell vermengen.

Die Karamellcreme salzen und Crème Double unterrühren.

In vorbereitete Gläser abfüllen und gut verschließen.

MARMELADEN & CHUTNEYS

BASICS
EINKOCHEN

Was gibt es Schöneres, als ein kleines Gläschen Selbstgemachtes zu verschenken?

Okay, vielleicht der Beschenkte zu sein. Wir jedenfalls sterben für selbst gemachte Marmeladen und Chutneys. Sie lassen sich mit allen erdenklichen Zutaten herstellen und schmecken einfach köstlich, als Hauptdarsteller auf frisch gebackenem Brot oder als perfekter Begleiter zu herzhaftem Käse. Wir können uns gar nicht entscheiden, was uns am besten schmeckt: die einfache, aber unglaublich fruchtig-frische Sauerkirschmarmelade oder die exotische Kombi von süßem Apfel und herzhafter Zucchini. Einige Dinge solltet ihr für das perfekte Ergebnis aber beachten.

Die Früchte

Im Grunde könnt ihr alles einkochen, was euch in die Finger kommt – Erdbeeren, Himbeeren, Brombeeren, Rhabarber, Äpfel, Trauben, Mirabellen, Feigen, Möhren und und und. Eines aber ist entscheidend: Die Zutaten müssen unbedingt frisch sein, denn schließlich konserviert ihr den Geschmack beim Einkochen. Überreife oder weniger qualitativ hochwertige Früchte solltet ihr aussortieren.

Der Gelierzucker

Eine gelungene Marmelade braucht das richtige Verhältnis von Pektin, Zucker und Frucht, denn so wird sie fest und haltbar. Bis zur Erfindung des Gelierzuckers Mitte der Sechzigerjahre diente die Schale von Zitrusfrüchten als natürliche Pektinquelle – und noch heute schwören eingefleischte Marmeladen-Kocher auf diese natürliche Zutat. Weil das Extrahieren des Pektins aus der Frucht aber sehr aufwendig und kompliziert ist, greifen wir auf fertig gemischten Gelierzucker zu. Hier kann man sich auf die »richtige« Mischung von Pektin und Zucker verlassen. Unser Geheimtipp: Einige Zitronenspritzer verfeinern trotzdem jede Marmelade. Dennoch ist Gelierzucker nicht gleich Gelierzucker. Es gibt ihn in unterschiedlichen Mischverhältnissen, nämlich 1:1, 2:1 und 3:1. Gelierzucker mit dem Verhältnis 1:1 eignet sich gut für säuerliche Früchte wie Johannisbeeren – auf ein Kilo Obst kommt ein Kilo Zucker. Auch für Gelees solltet ihr zum Gelierzucker im Verhältnis 1:1 greifen. Für eine weniger süße Marmelade, die richtig schön fruchtig schmeckt, eignet sich Gelierzucker mit dem Verhältnis 2:1 und 3:1. Denn hier ist mehr Pektin enthalten – so wird eure Marmelade auch mit weniger Zucker schön fest. Um sie trotzdem lange haltbar zu machen, sind allerdings meist auch Konservierungsmittel enthalten. Außerdem verliert die Marmelade nach einigen Monaten ihre Farbe – der Geschmack aber bleibt intensiv und lecker.

Marmelade ganz ohne Kochen

Muss es einmal schnell gehen, könnt ihr eure Marmelade mit einem speziellen Gelierzucker auch ohne Kochen anrühren. Dafür einfach nur frische Früchte pürieren und den Zucker im Verhältnis 1:1 hinzugeben. Gleich nach dem Abfüllen gehört die Marmelade unbedingt in den Kühlschrank – und dann schnell verputzt!

Alternativen zum Gelierzucker

Inzwischen findet ihr im Supermarkt eine ganze Menge Alternativen zum klassischen Gelierzucker: Diät-Gelierzucker, Gelierzucker mit Stevia oder Vollrohrgelierzucker sorgen für weniger Kalorien, mit Einmachzucker könnt ihr Geliermittel vermeiden und mit Agar-Agar eine Marmelade zaubern, die ganz und gar frei von industriell hergestelltem Zucker ist.

Zu dick oder zu flüssig?

Manchmal gelingt die richtige Konsistenz nicht auf Anhieb. Aber das ist kein Grund zum Verzweifeln! Wenn die Marmelade zu dick ist, wurde sie meistens zu lange gekocht oder beinhaltet einen zu hohen Zuckeranteil. In den Müll muss sie deswegen aber nicht: Ihr könnt die Marmelade noch einmal mit 100 ml Zitronensaft auf ein Kilo Marmelade aufkochen. Ist die Marmelade zu flüssig geworden, habt ihr sie eventuell nicht lang genug kochen lassen oder der Zuckeranteil war wiederum zu gering. Da hilft es, die Marmelade noch einmal in kleineren Portionen aufzukochen. Besteht die Marmelade aus pektinarmen Früchten wie beispielsweise Brombeeren, könnt ihr einfach noch zwei bis vier Esslöffel Zitronensaft, in dem viel natürliches Pektin enthalten ist, hinzugeben.

Gelierprobe

Mit einer Gelierprobe seid ihr immer sicher, dass eure Fruchtmasse die richtige Festigkeit während des Erkaltens bekommt. Für die Gelierprobe stellt ihr einen kleinen Teller in den Kühlschrank und lasst ihn erkalten. Sobald er kalt ist und ihr die Konsistenz eures Gelees oder Marmelade überprüfen wollt, 1–2 TL der heißen Fruchtmasse auf den kleinen Teller geben. Wird die Masse nach kurzer Zeit dicklich bzw. fest, so bekommt auch die übrige Marmelade nach dem Abkühlen die gewünschte Festigkeit. Ist die Masse noch zu flüssig, lasst ihr sie noch 1 bis 2 Minuten weiterköcheln.

Das Sterilisieren der Gläser

Zum Abfüllen von Marmeladen und Chutneys eignen sich im Grunde alle Gläser, die sich im Laufe des Jahres so ansammeln. Wichtig ist aber, dass die Gläser gründlich sterilisiert werden, um Eingemachtes auch wirklich haltbar zu machen. Viele kochen die Gläser kurz in einem Topf mit Wasser auf, ihr könnt sie aber auch bei 120 Grad im Backofen zehn Minuten lang erhitzen. Vermeidet es, die Gläser noch einmal mit einem Geschirrhandtuch abzutrocknen, denn die Keime und Bakterien könnten die Marmelade später schimmeln lassen. Mit einem sterilisierten, sauberen Trichter lässt sich die frisch gekochte Marmelade sauber und unkompliziert in die Gläser füllen.

Für eine lange Haltbarkeit

Um Schimmel zu vermeiden, könnt ihr direkt nach dem Abfüllen der Marmelade ein Blatt Pergamentpapier anfeuchten, auf die Fruchtmasse legen und dann den Deckel fest zudrehen. Nach dem Befüllen der Gläser stellt ihr die mit Marmelade befüllten Behältnisse für zehn Minuten auf den Kopf, damit ein Vakuum entsteht. Eingemachtes sollte immer an einem dunklen, kühlen und trockenen Ort aufbewahrt werden. Habt ihr keinen Keller oder eine dunkle Vorratskammer, ab damit in den Küchenschrank. Bereits angebrochene Marmeladen sollten immer gut gekühlt aufbewahrt werden. Achtung: Wenn sich der Deckel nach oben wölbt, ist die Marmelade leider verdorben und nicht mehr genießbar.

ZWETSCHGENMUS
AUS DEM BACKOFEN
von Irmgard

Bei Zwetschgen schlagen unsere Herzen höher. Wir haben großartige Kindheitserinnerungen an unsere Großmütter, die beide Zwetschgenbäume besaßen. Einmal im Jahr gab es haufenweise Zwetschgen, die es zu verarbeiten galt. Damit verabschiedeten wir den Sommer und aus den ganzen Früchten zauberten wir allerlei Leckeres. Das Zwetschgenmus aus dem Ofen von Swantjes Oma mochten alle am liebsten – also war es gar keine Frage, dieses so simple Rezept musste unbedingt mit ins Buch. Wir kennen das Mus ohne viel Schnickschnack; wer es variieren möchte, kann gerne Nelken oder Schnaps – z. B. Amaretto – dazugeben. Es schmeckt als Brotaufstrich, zu Milchreis, aber natürlich genauso gut als Füllung für Germknödel.

FÜR 3 KLEINE GLÄSER

2 kg	Zwetschgen
200 g	Zucker
1	Vanilleschote, Mark
1 TL	Zimt

Zwetschgen waschen, entsteinen und je nach Größe halbieren oder vierteln.

Mit Zucker, Vanillemark und Zimt in eine Schüssel geben, vermengen und mindestens 2 Stunden abgedeckt stehen lassen, damit der Saft zieht. Die Zuckermenge könnt ihr an die Säure der Zwetschgen anpassen. Sind sie sehr sauer, nehmt einfach etwas mehr.

Den Ofen auf 180 Grad (Ober-/Unterhitze) vorheizen. Zwetschgen nicht zu hoch in eine Auflaufform füllen. Je nach Größe der Form benötigt ihr vielleicht noch eine zweite.

Früchte unbedeckt ca. 2 Stunden im Ofen backen, dabei jede halbe Stunde einmal umrühren.

Aus dem Ofen nehmen, wenn das Volumen der Zwetschgen merklich geschrumpft und der ausgetretene Saft zu zähem Sirup eingedickt ist.

In ein hohes Gefäß geben, mit dem Pürierstab zu einem sämigen Mus verarbeiten.

Mögt ihr es lieber stückig, spart euch diesen Schritt.

In sterilisierte Gläser füllen und im Kühlschrank aufbewahren.

ZITRONENMARMELADE

Zitronen enthalten von Haus aus viel Pektin, daher ist es bei diesem Rezept hier sehr wichtig, keinen Gelierzucker zu verwenden, sondern lediglich den normalen Haushaltszucker. Das weiße Fruchtfleisch ist bitter, was wir persönlich gerne mögen und den bekannten, leicht herben Geschmack von Zitrusmarmeladen ausmacht. Wer eine weniger bittere-herbe Marmelade möchte, schneidet das weiße Fruchtfleisch weg und verwendet nur den Saft und die Zitronenschalen. Dabei aber unbedingt die Zuckermenge anpassen: Das Verhältnis von Frucht/Fruchtsaft zu Zucker sollte immer 1/1 betragen.

Es ist sehr wichtig, die Kochzeit genau einzuhalten. Kocht ihr nämlich alles zu kurz, geliert die Marmelade später nicht. Wird die Masse mit dem Zucker dagegen zu lange gekocht, hat man ganz schnell Zitronengelee.

FÜR 4 KLEINE GLÄSER

1 kg Zitronen
800 ml Wasser
ca. 1 kg Zucker

Zitronen heiß abwaschen und mit einem Sparschäler dünn schälen. Die Schalen in Streifen schneiden und mit ca. 400 ml Wasser in einen Topf geben.

Die Zitronen halbieren und den Saft auspressen. Zur Seite stellen.

Kerne und das übrig gebliebene weiße Fruchtfleisch in einen zweiten Topf geben und mit ca. 400 ml Wasser bedecken.

Beide Töpfe bei hoher Temperatur zum Kochen bringen, Hitze reduzieren und bei kleiner Temperatur mit geschlossenem Deckel 2 1/2 Stunden köcheln lassen.

Beide Massen zur Seite stellen und etwas abkühlen lassen. Den Sud aus dem Topf mit dem weißen Fruchtfleisch in ein Küchensieb geben und auffangen.

Einen Topf auf eine Waage stellen, auf Null tarieren und alle drei Komponenten – Saft des weißen Fruchtfleisches, Zitronensaft und Schalensud – hineingeben. Das Gewicht abmessen, um das benötigte Zuckerverhältnis abzuwiegen.

Topf auf den Herd stellen, Zucker im 1:1-Verhältnis dazugeben und zum Kochen bringen. 4 Minuten sprudelnd kochen, umrühren und danach vom Herd nehmen. Zügig in sterilisierte Gläser abfüllen.

ERDBEERMARMELADE
von Kathi

Kathi liebt Erdbeeren. Am liebsten in ihrer selbst gemachten Marmelade, und dafür zieht sie auch gern freiwillig aufs Bio-Feld. Das Geheimnis beim Erdbeermarmelade kochen, so erklärt uns Kathi, liegt in zwei Dingen. Erstens: richtig frische Früchte – dass sich überreife oder weniger qualitätsvolle Beeren besonders gut zum Einmachen eignen, ist falsch. Schließlich wird der Geschmack konserviert und die Frische gleich mit. Zweitens: ein ausgewogenes Verhältnis von Fruchtanteil und Gelierzucker. Für ihr Rezept empfiehlt Kathi das Verhältnis 3:1, denn so schmeckt die fertige Marmelade später schön fruchtig. Am liebsten mag Kathi die Marmelade sehr fein püriert und ganz pur, so kommt der Geschmack der Erdbeere schön intensiv durch. Ganz nach euren eigenen Vorlieben könnt ihr die Marmelade aber auch nur sehr grob pürieren und beispielsweise mit dem Mark einer Vanilleschote oder frisch gemahlenem Pfeffer variieren.

FÜR CA. 8 KLEINE GLÄSER

1,6 kg	Erdbeeren
500 g	Gelierzucker 3:1

EXTRA

Es gibt unzählige Möglichkeiten, diese unglaublich schlichte und einfache Marmelade zu variieren. Hier unsere Favoriten:

120 ml Aperol

1 TL bunter Pfeffer, gemörsert

½ Bund klein gehackte Minze oder Basilikum zum Schluss dazugeben

120 ml Kokosmilch mit den Erdbeeren zusammen aufkochen

500 g klein geschnittene Marshmallows und 200 ml Schlagsahne. Daraus eine Creme kochen und auf 2/3 Marmelade in den Gläsern schichten, mit einem Löffelstiel durchrühren.

Erdbeeren waschen, Stiele entfernen und halbieren.

Erdbeeren in einem großen Topf mit dem Gelierzucker vermengen. Wer mag, püriert die Früchte mit dem Stabmixer. Bei hoher Temperatur zum Kochen bringen.

5 Minuten köcheln lassen.

Gelierprobe machen und in sterilisierte Gläser abfüllen.

SAUERKIRSCHMARMELADE
von Safinaz, Yeldas Mama

Diese Marmelade ist eindeutig die perfekte Wintermarmelade. Eigentlich lieben wir es, mit frischen Sachen zu kochen und sie zu konservieren. Da es aber auch Zeiten gibt, wo unser Verlangen Marmelade zu kochen groß ist und wir heimlich den Sommer herbeisehnen, kochen wir diese nach einem alten Rezept von Yeldas Mama mit Sauerkirschen aus dem Glas. Natürlich könnt ihr das Ganze auch mit frischen Kirschen im Sommer machen. Dazu den ersten Schritt beachten.

FÜR 4 GLÄSER

1 kg	Sauerkirschen oder Schattenmorellen aus dem Glas, Abtropfgewicht (alternativ: 1 kg entsteinte, frische Kirschen)
800 g	Zucker
1	Bio-Zitrone, Saft und Zeste
1 EL	Essig (Apfel- oder Weißwein)
1	Vanilleschote, Mark (alternativ Bourbon-Vanille)
optional	Agar Agar

Kirschen entsteinen, in einem Topf mit 200 g Zucker und 2 l Wasser zum Kochen bringen. Ca. 5 Minuten köcheln lassen. Den Sud abgießen und die Kirschen auffangen. Dieser Schritt erübrigt sich, wenn ihr Kirschen aus dem Glas nehmt. Dann einfach mit dem 2. Schritt beginnen.

Die Kirschen sieben und in einen großen Topf geben. Mit Zucker, Saft und Schale der Zitrone, Vanillemark und Essig vermengen und zum Kochen bringen.

Bei kleiner bis mittlerer Hitze ca. 45 Minuten köcheln lassen. Fertig ist die Marmelade, wenn sie die Gelierprobe besteht: Ist sie euch zu flüssig, könnt ihr eine Messerspitze Agar Agar mit hineinrühren. Wundert euch nicht: Erst beim Abkühlen wird sie fest.

Die Marmelade in sterilisierte Gläser abfüllen und luftdicht verschließen.

EXTRA
Unbedingt mit warmem Porridge oder Milchreis probieren. Macht satt und wärmt von innen!

TÜRKISCHE FEIGENMARMELADE

Türkische Marmeladen sind meist flüssiger als die westeuropäischen Varianten, da Gelierzucker in der türkischen Küche nicht gebräuchlich ist. Dieses Rezept hier ist wieder von Yeldas Mutter, die es auch wiederum von ihrer Mutter hat. Beide mischen Frucht und Zucker im Verhältnis 1:1, was uns persönlich viel zu süß ist. Wer es gerne sehr süß mag, sollte unbedingt dabei bleiben und das Mengenverhältnis auf 1:1 anpassen. Wir kochen sie hier etwas abgewandelt mit weniger Zucker.

Yeldas Oma besitzt Feigenbäume in der Türkei. Daher ist Yelda sehr verwöhnt, wenn es um den Geschmack und die Qualität von Feigen geht. Hierzulande bekommt man die guten Früchte in der Regel eher bei einem türkischen Obst- und Gemüsehändler. Eine perfekte, aromatische Feige sollte unter Druck leicht nachgeben, aber keinesfalls weich oder matschig sein. Dunkle Stellen an der Schale deuten meistens auf Verdorbenheit hin, wohingegen weiße Schleier nur auskristallisierter Traubenzucker und vollkommen unbedenklich ist.

FÜR 2 MITTELGROSSE GLÄSER

1 kg	Feigen
400 g	Zucker
4 EL	Zitronensaft

EXTRA

Mit Quark, cremigen Joghurt oder am allerbesten mit sahnigen Büffeljoghurt servieren.

Feigen behutsam waschen und trocknen lassen oder trocken tupfen.

Ganze Feigen und Zucker schichtweise in einen großen Topf geben. 1–2 Stunden stehen lassen.

Die Feigen mit dem Topf auf den Herd stellen und bei mittlerer Hitze zum Kochen bringen. Hitze auf kleinste Temperatur herunterschalten und ca. 30 Minuten köcheln lassen, bis die Flüssigkeit zäher wird.

Zitronensaft dazugeben und weitere 15 Minuten weiterköcheln. Gelierprobe machen.

Marmelade in sterilisierte Gläser abfüllen und gut verschließen. Umgedreht ruhen lassen, bis die Gläser abgekühlt sind.

APFEL-ZUCCHINI-MARMELADE
von Franziska

Durch das Verhältnis 2:1 ist diese Marmelade eher zu den süßeren zu zählen. Durch ihre seltene Kombination von Apfel und Zucchini waren wir beim Food Swap höchst gespannt, was uns erwarten sollte. Unser Fazit: spannend, durch das Bitter-Mandel-Öl fasst schon weihnachtlich und definitiv mal etwas anderes.

FÜR 2 GLÄSER

500 g	säuerliche Äpfel (Boskoop oder Holsteiner Cox)
500 g	Zucchinis
1 Pr.	Zimtpulver
4 Trpf.	Bitter-Mandel-Öl
1	Vanilleschote, Mark
500 g	Gelierzucker 2:1

Äpfel schälen und entkernen. Zucchinis waschen und den Strunk entfernen.

Äpfel und Zucchinis mit der Reibe grob raspeln. In einen Topf geben und bei mittlerer Hitze zum Kochen bringen.

Alle Zutaten dazugeben und 15 Minuten einköcheln lassen, gelegentlich umrühren.

Gelierprobe machen und in vorbereitete Gläser füllen.

HIMBEER-MELBA-
MARMELADE

Die Namensgeberin der Himbeer-Pfirsich-Kombination ist Nellie Melba, eine Sängerin aus dem 19. Jahrhundert. Der französische Meisterkoch Auguste Escoffier kreierte ihr zu Ehren ein Dessert aus pochierten Pfirsichen, Vanilleeis und Himbeersauce.
Die Melba-Marmelade bereitet ihr am besten aus schön reifen Pfirsichen und saftigen Himbeeren zu, um euch dann den Sommer aufs Brot zu schmieren.

FÜR 3 GLÄSER

500 g Himbeeren
500 g Gelierzucker 3:1
550 g reife Pfirsiche
3 EL Zitronensaft
1 Vanilleschote

Himbeeren mit 250 g Gelierzucker mischen und 30 Minuten ziehen lassen.

Pfirsiche 30 Sekunden blanchieren, mit kaltem Wasser abschrecken, dann häuten und halbieren. Die Steine entfernen, das Fruchtfleisch klein schneiden und mit Zitronensaft in einer kleinen Rührschüssel fein pürieren.

Vanilleschote halbieren und Mark herauskratzen. Pfirsichpüree mit dem restlichen Gelierzucker, Vanilleschote und -mark in einen Topf geben und mischen. Nach dem Kochen Vanilleschote entfernen.

Himbeer- und Pfirsichkonfitüre getrennt in zwei Töpfen bei mittlerer Hitze unter Rühren aufkochen und 3 Minuten köcheln lassen, bis die Gelierprobe positiv ist.

Himbeeren- und Pfirsichmus abwechselnd vorsichtig über einen umgedrehten Löffel in sterile Gläser einfüllen, sodass einzelne Schichten entstehen können. Wichtig dabei ist, dass ihr die Gläser nicht stürzt, damit die Schichten nicht verlaufen. Kühl aufbewahrt hält sich die Marmelade ca. 8 Wochen.

TOMATENMARMELADE

Wir lieben Tomaten und freuen uns jedes Jahr erneut auf den Sommer, wenn Tomaten endlich Saison haben. Leider ist die Tomatenzeit recht kurz, sodass wir den fruchtigen Geschmack vollreifer Tomaten für die kalten Monate erhalten möchten. Die Tomatenfrucht ist in ihrem Aroma so komplex, was in diesem Rezept ganz wunderbar zur Geltung kommt. Die Marmelade aus Tomatenfrüchten ist zuckersüß und herzhaft zugleich. Sie passt hervorragend mit Butter oder Käse zu Brot, aber auch zum Verfeinern von Saucen.

FÜR CA. 6 MITTLERE GLÄSER

2,5 kg	reife Tomaten
3	Schalotten
2 EL	Olivenöl
3 EL	Balsamico-Essig
1 Stck.	Ingwer, daumengroß
1	kl. getrocknete Chilischote
1	Vanilleschote, Mark
1	Bio-Zitrone, Saft und Abrieb
500 g	Gelierzucker 3:1
	Salz und Pfeffer

Tomaten kreuzförmig mit einem Messer am Strunkansatz leicht einritzen, in ein Sieb geben. Mit kochendem Wasser übergießen und kurz stehen lassen, damit sich die Haut einfacher lösen lässt. Tomaten häuten und nach Belieben würfeln.

Die Schalotten schälen, halbieren und in Spalten schneiden. Anschließend in einen Topf mit heißem Öl geben, bei hoher Hitze kurz anschwitzen und mit Essig ablöschen. Die Temperatur etwas reduzieren.

Ingwer mit einem Teelöffel schälen und klein schneiden.

Die Tomaten zu den Zwiebeln geben und ca. 10 Minuten köcheln lassen.

Chilischote klein hacken. Vanilleschote halbieren, ausschaben, Zitrone reiben und auspressen.

Wenn ihr die Marmelade gerne feiner habt, könnt ihr sie pürieren. Wir mögen sie lieber etwas stückig.

Gelierzucker, Chili, Ingwer, Mark der Vanilleschote und die Vanilleschote, Zitronenabrieb und Zitronensaft in den Topf dazugeben, aufkochen und ca. 5 Minuten kochen.

Mit Salz und Pfeffer abschmecken. Gelierprobe machen und in sterilisierte Gläser füllen.

EXTRA

Für alle Fleischliebhaber: Eine leckere Variation, um die Marmelade aufzupeppen, ist, 500 g der Tomaten mit 300 g Chorizo zu ersetzen. Hierfür einfach die Chorizo in kleine Stücke schneiden und gemeinsam mit den Zwiebeln anbraten. Danach wie im Rezept beschrieben weiter vorgehen.

KETCHUP
von Elli

FÜR CA. 1,75 LITER

3 TL	Fenchelsaat
3 TL	Kümmelsaat
2 TL	Kreuzkümmelsaat
1 TL	Pfefferkörner
4	Nelken
2	Sternanis
1	Zwiebel
2	Knoblauchzehen
2	Äpfel
3 EL	Olivenöl
½ TL	Zimt
1 TL	geräuchertes Paprikapulver
2	Lorbeerblätter
500 ml	Cola
150 ml	Branntweinessig
1,5 kg	Tomaten, stückig (aus der Dose)
2–3 TL	Salz
3 EL	Zucker
2 TL	Stärke
	Salz und gemahlener Pfeffer zum Abschmecken

EXTRA

Die benötigte Zuckermenge ist abhängig von der Süße der verwendeten Tomaten und eurem ganz persönlichen Geschmack. Vielleicht braucht ihr ein bisschen mehr … Gibt es im Sommer reife aromatische Tomaten, könnt ihr einen Teil der Dosentomaten durch frische, grob gewürfelte Tomaten ersetzen Im Winter sind Tomaten aus der Dose die beste Wahl, da sie reif geerntet und direkt verarbeitet werden. Der Ketchup ist im Kühlschrank ca. 6 Monate haltbar.

Elli teilt mit uns fruchtiges Tomatenketchup, das wir am liebsten jeden Tag essen würden. Nach Rezept kocht Elli nie. Und so ist auch ihr unverschämt leckeres Tomatenketchup entstanden: ein bisschen hiervon, noch ein wenig davon, und wie wäre es eigentlich mit einem Schuss Cola? Die Foodstylistin, die ihre Loftküche auch für Kochevents vermietet, liebt es, für andere zu kochen. Langeweile mag sie gar nicht, Abwechslung muss sein, und deswegen schmeckt auch ihr Ketchup jedes Mal anders: mal würzig, mal kräftig, mal süß. Elli stellt einfach eine Saucenbasis mit ihren Lieblingsgewürzen zusammen, nimmt dafür Fenchelsamen, Kreuzkümmel oder Knoblauch und variiert dann nach Lust und Laune. Für einen orientalisch anmutenden Ketchup könnt ihr besonders viel Kreuzkümmel nehmen, für eine schöne Süße Äpfel dazugeben, für eine Barbecue-Variante einen Schuss Liquid Smoke. Das ist auch etwas, das Elli in der Küche grundsätzlich empfiehlt: Sich treiben und inspirieren lassen, einfach loslegen, ausprobieren, sich mit den Zutaten anfreunden, vom Endergebnis überraschen lassen. Eben ganz genau wie bei diesem unschlagbar guten Ketchup!

Fenchel, Kümmel, Kreuzkümmel, Pfeffer, Nelken und Sternanis in der Pfanne ohne Fett rösten, bis alles zu duften beginnt. Anschließend in der Küchenmaschine fein mahlen oder im Mörser fein zerstoßen.

Zwiebel und Knoblauch schälen und grob würfeln. Äpfel schälen, entkernen und ebenfalls grob würfeln. In einem großen Topf Olivenöl erhitzen. Zwiebel-, Knoblauch- und Apfelwürfel darin 10 Minuten bei mittlerer Hitze dünsten. Ab und zu umrühren.

Die gerösteten Gewürze, Zimt, Paprikapulver, Lorbeerblätter, Cola und Essig zugeben und bei mittlerer Hitze einkochen, bis die verbleibende Flüssigkeit eine sirupartige Konsistenz hat. Ab und zu umrühren.

Tomaten hinzufügen und das Ketchup mit Salz und Zucker würzen. Langsam erhitzen und 10 Minuten bei geringer Hitze leise köcheln lassen. Stärke in etwas kaltem Wasser auflösen, unter Rühren zugeben und 1 Minute köcheln. Vor dem Abfüllen die Lorbeerblätter entfernen, mit Salz und Pfeffer abschmecken und alles evtl. fein pürieren. Glasbehälter und Deckel müssen vor dem Abfüllen gründlich heiß gespült werden.

BACON JAM

Der Großteil der selbst gemachten Köstlichkeiten bei unseren Veranstaltungen ist vegetarisch. Es gibt erstaunlich wenig Gerichte, die Fleisch oder Fisch beinhalten. Doch keines dieser seltenen Mitbringsel hat so viele Fans wie diese Bacon Jam. Ganze dreimal hat sich diese Bacon Jam den Weg in unseren Food Swap gebahnt. Als Brotaufstrich, als Burgerfüllung, Salsa oder zu Rührei, sie passt wirklich zu allem.

FÜR 2 GLÄSER

500 g	Baconscheiben
2 TL	Butter
500 g	rote Zwiebeln
2	Knoblauchzehen
½ TL	Zimtpulver
100 ml	Bourbon Whisky
4 EL	Balsamico-Essig
120 ml	Ahornsirup
	Salz und Pfeffer
1 Pr.	Chilipulver

Bacon würfeln und in einer Pfanne mit der Butter bei mittlerer Hitze anbraten, bis er kross wird. Auf einen Teller mit Küchenrolle legen und das überschüssige Fett aufsaugen lassen. Die Pfanne mit dem Fett zur Seite stellen, aber aufbewahren.

Zwiebeln und Knoblauch schälen und in Würfel schneiden. In derselben Pfanne, in der zuvor der Speck gebraten wurde, Zwiebeln mit dem Knoblauch glasig dünsten. Zimtpulver dazugeben und so lange braten, bis die Zwiebeln braun werden.

Whisky, Balsamico-Essig und Ahornsirup in einem Gefäß mischen. Die Zwiebeln damit ablöschen und die Temperatur etwas reduzieren. Bacon dazugeben und die Masse einkochen lassen, bis sie eindickt.

Mit Salz, Pfeffer und Chilipulver abschmecken.

In sterilisierte Gläser füllen. Die Bacon Jam im Kühlschrank lagern und innerhalb von 1–2 Wochen verspeisen.

EXTRA
Wer keinen Whisky parat hat oder mag, kann diesen auch einfach durch Bier, Sherry oder Portwein ersetzen.

SCHARFES KÜRBIS-APRIKOSEN-CHUTNEY

Kürbis ist ein unheimlich schmackhaftes Gemüse, das alles mit sich machen lässt und obendrein noch sehr einfach und schnell gemacht ist. Durch die leicht süße Note lassen sich mit den Kürbisgewächsen sowohl herzhafte als auch süße Gerichte zubereiten. Hier ist es euch selber überlassen, welchen ihr verwendet. Alle Sorten eignen sich hervorragend für dieses Chutney-Rezept. Gegebenenfalls müsst ihr lediglich die Garzeit etwas anpassen. Verwendet ihr Hokkaido, müsst ihr den Kürbis nicht mal schälen und lediglich abwaschen.

FÜR 8 GLÄSER

1 kg	Kürbisfleisch (z. B. Muskatkürbis, Butternuss o. Ä.)
300 g	Zwiebeln
150 g	Aprikosen
100 g	Ingwer
etwas	Olivenöl
500 g	Gelierzucker 3:1
½	Bio-Zitrone, Abrieb und Saft
1 TL	Chiliflocken
	Salz und Pfeffer

Kürbis teilen, Kerne auslösen, eventuell schälen und in große Stücke teilen. Kürbisfleisch abwiegen und fein raspeln. Zwiebeln schälen und fein hacken. Aprikosen entkernen und in kleine Stücke schneiden. Ingwer schälen und klein hacken.

Zwiebeln in etwas Öl anschwitzen, Kürbis und Aprikosen dazugeben und ca. 5 Minuten garen, bis der Kürbis weich ist.

Gelierzucker und alle weiteren Zutaten dazugeben und unter Rühren zum Kochen bringen. Alles 3 Minuten kochen, dabei immer fleißig weiterrühren.

Chutney ordentlich salzen, pfeffern und in vorbereitete Gläser füllen.

FEURIGES
APFELCHUTNEY

Schmeckt hervorragend zu kurz gebratenem oder gegrilltem Fleisch. Uns schmeckt das Chutney am besten auf einem knusprigen Brot mit Frischkäse oder auch zu einem kräftig-würzigen Käse. Oder serviert das Chutney einmal zu Käsefondue und Raclette – einfach lecker!

FÜR 4 GLÄSER

1 kg	säuerliche Äpfel (z. B. Boskoop oder Holsteiner Cox)
300 g	rote Zwiebeln
etwas	Olivenöl
350 g	Rohrzucker
200 ml	Essig
1 Stck.	Ingwer, daumengroß
2	getrocknete Chillischoten
½ TL	Senfkörner
1 Msp.	Paprikapulver, scharf
2	Lorbeerblätter
4-5 Zw.	frischer Thymian, ganz frisch gemahlener Pfeffer
1 TL	Salz

Äpfel und Zwiebeln schälen. Äpfel entkernen und klein würfeln. Zwiebeln klein hacken.

Zwiebeln in etwas Öl bei hoher Hitze anschwitzen und mit 1/3 des Zuckers karamellisieren. Mit Essig ablöschen. Temperatur herunterschalten.

Ingwer und Chilischoten fein hacken. Senfkörner, Chilischoten und Paprikapulver in einer Pfanne anrösten, bis ein aromatischer Geruch entsteht. Zügig vom Herd nehmen und im Mörser leicht zerdrücken.

Alle Zutaten zu den Zwiebeln geben. Ca. 40 Minuten bei schwacher Hitze einkochen.

Gelierprobe machen und in sterilisierte Gläser abfüllen.

CRANBERRYCHUTNEY

Die Cranberry ist die amerikanische Schwester der europäischen Heidel- und Preiselbeere. Bei uns findet man sie von Oktober bis Dezember in den Supermärkten. Bekommt ihr keine frischen Beeren, ist dieses Rezept aber auch mit gefrorenen oder getrockneten Cranberries köstlich. Durch ihren fruchtig-herben Geschmack schmeckt dieses Chutney besonders gut zu Fleisch, vor allem zu Wild und passt wunderbar in eine kräftige Sauce – eine besondere Alternative zum klassischen Preiselbeergelee.

FÜR 1 GROSSES WECKGLAS

2	kleine Äpfel
2	Birnen
3	Schalotten
1 Stck.	frischer Ingwer, daumengroß
500 g	Cranberries
1	unbehandelte Bio-Orange, Saft und Schale
100 ml	Apfelsaft
200 ml	Wasser
8	Nelken
2	Zimtstangen
125 g	Gelierzucker 3:1
	Salz und Pfeffer

Äpfel und Birnen schälen, entkernen und klein schneiden.

Schalotten und Ingwer schälen, würfeln.

Alle Zutaten außer Gelierzucker, Salz und Pfeffer zusammen in einen Topf geben und bei hoher Temperatur zum Kochen bringen.

Hitze reduzieren und ca. 10 Minuten köcheln lassen. Bei Bedarf könnt ihr noch etwas Flüssigkeit dazugeben. Wir lassen die Zimtstangen im Chutney drin, wer das nicht mag, kann sie auch nach dem Kochen entfernen.

Gelierzucker hinzufügen und ca. 5 Minuten weiterköcheln, bis die Gelierprobe positiv ist.

Mit Salz und Pfeffer abschmecken und in vorbereitete Gläser füllen.

BIRNENCHUTNEY

Unschlagbar ist die Kombination von kräftigen Käsesorten mit einem raffinierten und fruchtigen Chutney. Diese Variante mit Birne, Thymian und Schalotten passt hervorragend zu Ziegen- oder Blauschimmelkäse. Die Kombination ist so gut, dass sie es sogar auf die Speisekarte im Café von Swantjes Mann geschafft hat! Dort findet sich die aromatische Kombination auf herrlich knusprigen Waffeln wieder – einfach großartig.

FÜR 5 GLÄSER À 250 ML
FASSUNGSVERMÖGEN

4	Schalotten
1	Knoblauchzehe
10 Zw.	Thymian, ganz
etwas	Olivenöl
1,5 kg	Birnen
5 EL	Weißweinessig
¾ l	Birnensaft
1 Stck.	Ingwer, daumengroß
	Salz und Pfeffer
500 g	Gelierzucker 3:1

Schalotten und Knoblauch schälen, Schalotten in Spalten schneiden und Knoblauch fein hacken. Anschließend mit dem Thymian in einen Topf mit heißem Öl geben und anschwitzen.

Birnen schälen, entkernen und würfeln.

Zwiebeln mit Essig ablöschen und die Birnen dazugeben. Alles ca. 5 Minuten köcheln lassen.

Birnensaft und den klein geschnittenen Ingwer dazugeben und aufkochen. Alles bei mittlerer Hitze 15 Minuten köcheln lassen.

Mit Salz und Pfeffer abschmecken. Gelierzucker dazugeben und 3 Minuten weiterkochen.

Gelierprobe machen und in sterile Gläser füllen.

ZWIEBELMARMELADE

Die Zwiebelmarmelade ist definitiv eines unserer liebsten Rezepte! Zwiebeln, mit ihrer fein-süßlichen Note, zeigen hier ihre wahre Berufung. Es ist die perfekte Ergänzung zur Käse-Stulle, wenn man abends nach der Arbeit keine Lust mehr aufs Kochen, aber Anspruch auf etwas Herzhaftes mit dem gewissen Extra hat.

FÜR 4 GLÄSER

1 kg	rote Zwiebeln
1 EL	Olivenöl zum Andünsten
3 EL	Honig
3 Zw.	Thymian, ganz
150 ml	Rotwein
250 ml	Balsamico-Essig
	Salz und schwarzer Pfeffer
	aus der Mühle

Zwiebeln schälen, halbieren und in grobe Scheiben schneiden.

In einer großen Pfanne Olivenöl erhitzen und die Zwiebeln anschwitzen, bis sie glasig werden. Honig dazugeben und gut mit den Zwiebeln verrühren.

Thymian dazugeben. Zwiebeln mit Rotwein und Essig ablöschen. Die Hitze reduzieren und ca. 30 Minuten bei kleiner Hitze köcheln lassen, bis die Flüssigkeit verdampft ist. Übrig bleibt eine schöne, sämige Masse. Mit Salz und Pfeffer abschmecken.

In sterile Gläser abfüllen.

MÖHRENCHUTNEY

Leuchtende Farben und dank der mediterranen Kräuter ein Sommerhit. Das aromatische Möhrenchutney passt zu einem Barbecue und jeder anderen geselligen Runde.

FÜR 3 GLÄSER

1 kg	Möhren
1 l	Orangensaft
2 Zw.	Rosmarin, ganz
2 Zw.	Thymian, ganz
500 g	Gelierzucker 3:1
3 EL	heller Balsamico-Essig
1	Bio-Zitrone,
	Abrieb und Saft
	Salz und Pfeffer

Möhren schälen und grob raspeln. Die Möhren mit dem Orangensaft, Rosmarin und Thymian in einem großen Topf bei mittlerer Temperatur erhitzen.

Gelierzucker dazugeben und alles aufkochen lassen. Essig, Zitronensaft und -abrieb hineingeben und 3 Minuten unter ständigem Rühren kochen lassen. Das Chutney gut salzen und mit Pfeffer abschmecken.

Gelierprobe machen und das Chutney in sterile Gläser abfüllen.

SÜSSKARTOFFEL-
LIMETTEN-CHUTNEY
von Janet

Janet bereitet zweierlei Chutneys zu, die wir einfach zu allem essen könnten. Janet liebt Chutneys, weil sie so unglaublich vielseitig sind. Die würzigen, meist süß-sauren und dicklich-sämigen Köstlichkeiten passen immer: auf einer frischen Scheibe selbst gebackenem Brot, als Dip zu Fleisch, als Basis von Saucen oder als fruchtig-frische Beilage zu einer Portion Wildreis, wenn es mal schnell gehen muss. Das Süßkartoffel-Limetten-Chutney hat Janet selbst entwickelt, und wegen des süßlich-frischen Aromas empfiehlt sie es vor allem zu hellem Fleisch und Fisch. Es lässt sich aber auch ganz einfach verändern, da sind der Kreativität keine Grenzen gesetzt. Anstatt Minze und Limette nimmt Janet zum Beispiel hin und wieder gern Petersilie und Essig.

**FÜR 8-10 KLEINE EINMACH-
GLÄSER**

360 g	Zwiebeln
1,5 kg	Süßkartoffeln
etwas	Olivenöl
300 ml	Wasser
2	Bio-Limetten, Abrieb und Saft
½ Bd.	Minze
	Salz und Pfeffer

Zwiebeln schälen und in grobe Scheiben schneiden. Süßkartoffeln schälen, der Länge nach vierteln und dann würfeln.

Zwiebeln in etwas Olivenöl in einem großen Topf bei mittlerer Hitze glasig andünsten. Süßkartoffeln hinzugeben und kurz mit anschwitzen. Mit Wasser ablöschen und ca. 25 Minuten köcheln, bis die Süßkartoffeln zerfallen. Hierbei immer wieder rühren.

Schale der Limette reiben. Den Saft auspressen. Minze waschen und trocken schütteln. Blätter zupfen und grob hacken. Beides zu dem Chutney geben, wenn die Konsistenz zu fest ist, noch etwas Wasser dazu geben und weitere 5 Minuten köcheln.

Salzen und pfeffern. In sterile Gläser füllen.

FEIGEN-MARONEN-CHUTNEY

von Janet

Das Feigen-Maronen-Chutney passt wiederum herrlich zu dunklem Fleisch und Wild. Ihr Tipp: Wagt euch an ungewöhnliche Kombinationen, experimentiert mit den Zutaten, die ihr im Alltag gerne verwendet und traut euch unbedingt, bestehende Rezepte zu verändern.

FÜR 8-10 KLEINE EINMACH-GLÄSER

½ Bd.	Suppengrün
60 g	Petersilienwurzeln
120 g	Gemüsezwiebeln
etwas	Olivenöl
500 ml	Wasser
400 g	vorgekochte Maronen
1 Bd.	glatte Petersilie
650 g	frische Feigen
2 EL	Balsamico-Essig
	Salz und frisch gemahlener Pfeffer

Suppengemüse und Petersilienwurzeln waschen. Möhre, Sellerie und Petersilienwurzeln schälen. Alles klein schneiden. Gemüsezwiebeln schälen und in grobe Spalten schneiden.

Öl in einem großen Topf erhitzen, klein geschnittenes Gemüse dazugeben und bei mittlerer Hitze glasig dünsten. Nach ca. 5 Minuten mit Wasser ablöschen und weiterköcheln lassen.

Maronen hacken. Zur Gemüsebrühe geben. Weitere 10 Minuten köcheln lassen.

Währenddessen Petersilie waschen, trocken schütteln und klein hacken. Die Feigen waschen und achteln.

Suppengemüse grob mit einem Kartoffelstampfer zerkleinern. Die Feigen dazugeben. Alles 30 Minuten köcheln, dabei gelegentlich umrühren. Petersilie dazugeben und gut vermischen. Wenn euch das Chutney zu fest ist, fügt noch etwas Wasser hinzu.

Mit Balsamico-Essig, Salz und Pfeffer abschmecken. In vorbereitete Gläser füllen.

EINGELEGT & EINGEMACHT

AB ANS EINGEMACHTE!
Was Einkochen eigentlich genau ist
und worauf ihr dabei achten solltet

Wir finden, Einkochen – oder Einwecken – ist einfach eine unschlagbare Sache. Denn so gut wie alles lässt sich dabei für mehrere Monate oder sogar Jahre haltbar machen, von den Klassikern mit Obst und Gemüse bis hin zu Fleischprodukten. Aber warum halten sich die Lebensmittel eigentlich so lang im Glas, welche Methoden gibt es und was solltet ihr dabei beachten?

VARIANTE 1 **Einkochen im Topf ...**

Die traditionelle Art und Weise des Einkochens kennen wir alle aus Omas Vorratskeller: Frische Lebensmittel werden in dicken Einweckgläsern mit Gummiringen und Blech- oder Glasdeckeln in Topf oder Ofen dauerhaft haltbar gemacht, indem sie im Wasserbad bei Temperaturen bis zu 100 Grad erhitzt werden. Dabei dehnt sich die Luft im Glas aus, und ein Überdruck entsteht. Beim Abkühlen zieht sich die Luft wieder zusammen und bildet ein Vakuum in dem Gefäß – und das verschließt den Deckel bombenfest mit dem Glas.

Und so geht ihr dabei vor: Gläser, Gummiringe oder Klammern und Deckel unbedingt sorgsam und gründlich reinigen – sonst bilden sich Keime und das Eingekochte wird schnell schlecht. Nachdem die Köstlichkeiten in die Gläser gefüllt wurden, bis zum oberen Rand in ein noch kaltes Wasserbad stellen und dann schön langsam erhitzen. Nun kommt es darauf an, was ihr einweckt – je nach Härte des Lebensmittels kann der Vorgang von zehn Minuten bis zu zwei Stunden dauern. Nach dem Einkochen die Gläser nicht direkt aus dem Wasserbad nehmen, sondern die Gläser langsam im Wasserbad stehend abkühlen lassen. Anschließend stellt ihr die Gläser auf die Arbeitsplatte und bedeckt sie mit einem Geschirrhandtuch.

... oder im Ofen
Eine Alternative zum Einkochtopf ist euer Ofen. Dafür füllt ihr die Fettpfanne, also ein Backblech mit hohem Rand, mit Wasser und schiebt sie auf der untersten Schiene in den Ofen. Die Einmachgläser kommen, gründlich gereinigt, bis zum Rand in das Wasserbad. Obst sollte bei 150 bis 160 Grad, Gemüse bei 190 bis 200 Grad eingekocht werden. Anschließend lasst ihr die Gläser eine halbe Stunde im Ofen stehen, bevor sie mit einem Geschirrhandtuch zugedeckt auf der Arbeitsplatte abkühlen sollten.

VARIANTE 2   Einkochen im Twist-Off-Glas

Mit der Erfindung des Schraubverschlusses ist das Einkochen viel
einfacher geworden – denn das langwierige Kochen im Wasserbad könnt ihr euch seitdem sparen. Bei dieser Variante füllt ihr eure Produkte direkt heiß in die – Achtung, gründlich gereinigten –
Gläser, schraubt die Deckel zu und stellt die Gläser für einige Minuten auf den Kopf. Anschließend stellt ihr die Gläser – wieder richtig
herum – bedeckt mit einem Geschirrhandtuch zur Seite.

AB ANS EINGELEGTE!
Wie ihr Lebensmittel in Essig, Öl oder Alkohol konservieren könnt

VARIANTE 1   Einlegen in Essig

Gürkchen, Perlzwiebeln, Bohnen, Peperoni oder Kürbis – eigentlich
könnt ihr jedes Gemüse sauer einlegen. Dabei macht ihr es nicht
nur länger haltbar, sondern verleiht ihnen mit Gewürzen und Kräutern auch noch eine ganz eigene Geschmacksnote. Für ein Kilo fes-
tes Gemüse benötigt ihr einen halben Liter fünfprozentigen Essig
und ein Viertel Liter Wasser mit Kräutern und Gewürzen. Mögt ihr
es außerdem leicht süßlich, gebt ihr etwa 80 Gramm Zucker dazu.
Nun wird die Mischung zu einem Sud aufgekocht und das Gemüse
hinzugegeben. Ist es gar, aber am besten noch bissfest gekocht,
werden die gründlich gereinigten Einweck- oder Twist-Off-Gläser
mit dem Gemüse befüllt, der Sud erneut aufgekocht und die Gläser
anschließend damit aufgefüllt. Das Gemüse sollte vollständig mit
dem Essigsud bedeckt sein. Die fest verschlossenen Gläser vier bis
sechs Wochen an einem kalten und dunklen Ort durchziehen lassen. Geöffnet hält sich das eingelegte Gemüse im Kühlschrank etwa
zwei Wochen. Achtung bei der Wahl der Gefäße: Essig greift Alumi-
nium, Kupfer oder Messing an und setzt Schadstoffe frei, die sich
im Eingekochten festsetzen. Daher wählt für die Zubereitung und
Aufbewahrung nur Gefäße aus Edelstahl oder Glas.

VARIANTE 2   Einlegen in Öl

Eine unkomplizierte und schnelle Variante ist das Einlegen in Öl, es
eignet sich für jede Art von Gemüse. Dabei kocht, bratet oder dörrt

ihr die Lebensmittel zunächst, kombiniert sie ganz nach Gusto mit Kräutern und Gewürzen und schichtet sie dann, immer im Wechsel mit einem großen Schuss Öl, in ein fest zu verschließendes Glas. Dabei unbedingt darauf achten, dass sich keine Luftblasen bilden. Kühl und dunkel gelagert, hält sich das in Öl eingelegte Gemüse etwa drei bis vier Monate.

VARIANTE 3 **Einlegen in Alkohol**

Wer es ab und an hochprozentig mag, sollte unbedingt mal Obst in Alkohol einlegen. Hochprozentiges wie Rum, Cognac, Arrak, Weinbrand oder Wodka sind das perfekte Konservierungsmittel für alle Arten von Früchten. Aber Achtung: Wählt eine Sorte mit mindestens 54 % Alkoholgehalt, da der Saft der Früchte die Mischung noch verdünnt. Zum Einlegen eignen sich ein Steinguttopf, Gläser oder kleine Fläschchen. Darin werden die zerkleinerten und großzügig eingezuckerten Früchte geschichtet und mit Alkohol bedeckt. Nun müsst ihr euch etwas gedulden: Nach etwa sechs Wochen ist das Obst gut durchgezogen und nun ca. ein Jahr haltbar.

FERMENTIEREN
Wie ihr eure Produkte fermentiert und was ihr dabei beachten solltet

Es klingt hoch wissenschaftlich, ist aber ganz natürlich, gar nicht so schwer und vor allem sehr gesund: Fermentieren. Mit dieser Methode könnt ihr rohes Gemüse konservieren und bewahrt dabei dessen hohen Vitamin- und Enzymgehalt. Durch den Fermentierungsprozess können die Inhaltsstoffe des Gemüses besonders gut im Körper aufgenommen werden, außerdem tut er eurer Verdauung gut. Zum Fermentieren eignen sich im Grunde alle Gemüsesorten wie Karotten, Gurken, Sellerie oder Kohl – aus dem der Klassiker schlechthin entsteht, das Sauerkraut. Das Geheimnis der Fermentation sind die natürlich vorhandenen Bakterien, die im Glas zunächst Sauerstoff verbrauchen und dabei Kohlenstoffdioxid ausstoßen. Das dauert etwa zwei Tage. Anschließend breiten sich in der zunehmend sauerstoffarmen und salzreichen Umgebung mehr und mehr Milchsäurebakterien und Hefen aus, die die Kohlenhydrate des Gemüses in Milchsäure verwandeln – und so das Ferment sauer und aromatisch machen.

Und so geht ihr vor: Fermentiertes Gemüse braucht nicht viel mehr als Salz, eine gute Richtlinie sind dabei 20 Gramm auf ein Kilo Gemüse. Um die Bakterien, die später für die Fermentation zuständig sind, zu behalten, solltet ihr das Gemüse nur säubern, aber nicht schälen. Ganz nach Geschmack könnt ihr zusätzlich mit den unterschiedlichsten Gewürzen wie Curry, Kümmel oder Dill experimentieren. Aber Vorsicht mit der Dosierung, die Geschmacksintensität nimmt während des Fermentierungsprozesses noch zu. Nun füllt ihr das Gemüse in Bügelgläser. Bedeckt das Gemüse vollständig mit dem restlichen Salzsud und beschwert das Ganze mit einem kleinen Untersetzer oder Ähnlichem. Lehnt euch nun zurück, denn ab jetzt übernehmen die Mikroorganismen die Arbeit. Wichtig ist allerdings, dass die Gläser bis oben voll befüllt sind, ansonsten ist der Sauerstoffgehalt zu hoch. Nach vier bis sechs Wochen Geduld könnt ihr schließlich euer eigenes fermentiertes Gemüse genießen.

EINGESALZENES SUPPENGEMÜSE

von Lena

Lenas Suppengemüse ist eine tolle Alternative zur industriell hergestellten Gemüsebrühe und dabei ohne Geschmacksverstäker und Konservierungsstoffe noch mal doppelt so gut. Es ist schnell gemacht und unkompliziert in der Herstellung. Ihr könnt auch anderes Gemüse mit dazugeben. Zwiebeln und Knoblauch eignen sich allerdings nicht, da ihre ätherischen Öle das Aroma zu stark dominieren. Wenn ihr das Verhältnis von Gemüse zu Salz immer 6:1 beibehaltet, kann eigentlich nichts schiefgehen. Das Suppengemüse ist ideal zum Würzen von Suppen, herzhaften Eintöpfen und Gemüse oder zum Verfeinern von Saucen. Seid aber beim Verwenden vorsichtig, denn es würzt stark! Tastet euch daher teelöffelweise an die richtige Dosierung heran.

FÜR CA. 1,2 KG SUPPENGEMÜSE

1 Stg.	Lauch
400 g	bunte Möhren
400 g	Pastinaken
300 g	Knollensellerie
1 Bd.	Petersilie
½ Bd.	Kerbel
250 g	Salz

Lauch waschen, trocknen. Wurzeln und die äußeren Blätter abnehmen, längs halbieren, dann vierteln und in ganz feine Streifen schneiden.

Möhren, Pastinaken und Sellerie waschen, schälen und mit der Küchenreibe fein raspeln.

Kräuter waschen und inklusive der Stengel fein hacken. Am besten geht das mit einem Wiegemesser oder einem großen Messer.

Das zerkleinerte Gemüse und die Kräuter in einer Schüssel miteinander vermischen. Salz dazugeben, gut untermengen und 1 Stunde stehen lassen. Das Gemüse zieht durch das Salz Wasser. Dieses Wasser durch ein Sieb abgießen und das Gemüse wieder zurück in die Schüssel geben und noch mal gut durchrühren.

Alles in vorbereitete Gläser füllen und festdrücken. Im Kühlschrank aufbewahrt hält das Suppengemüse ca. 1 Jahr! Großartig, oder? Und das ganz ohne künstliche Konservierungsstoffe.

EINGELEGTE ROTE BEETE

Ein absoluter Klassiker! Schon in unserer Kindheit konnten wir nicht genug davon bekommen. Swantje hat es geliebt, ihren Kartoffelbrei mittels Roter Beete pinkrot zu färben. Die vitaminreichen Winterknollen passen perfekt zu Ziegenkäse und Salat – und es ist nie verkehrt, sie im Vorratsschrank auf Lager zu haben.

FÜR 3 GROSSE GLÄSER

1 kg	gleich große Rote Beete
2	mittelgroße Zwiebeln
500 g	säuerliche Äpfel
	(z. B. Boskoop oder
	Holsteiner Cox)
70 ml	Reisweinessig
25 ml	Weinbrandessig
750 ml	Apfelsaft
75 g	Vollrohrzucker
2–3	Lorbeerblätter
2 EL	Senfkörner
1 EL	bunte Pfefferkörner
	Salz

Rote-Beete-Knollen waschen, in einen Topf geben und mit Wasser bedecken. Bei mittlerer Hitze im geschlossenen Topf 40–45 Minuten garen. Anschließend abgießen und unter fließendem Wasser pellen. (Dabei am besten mit Einweghandschuhen arbeiten, da Rote Beete sehr färben.)

In Scheiben oder Stücke schneiden. Zwiebeln und Äpfel schälen. Äpfel entkernen und klein würfeln. Zwiebeln in Spalten schneiden.

Alle Zutaten, bis auf die Rote Beete, in einem großen Topf bei mittlerer Hitze zum Kochen bringen. 5 Minuten köcheln lassen. Mit Salz und Pfeffer würzen.

Rote Beete dazugeben und nochmals aufkochen. Dabei vorsichtig umrühren, damit die Beete und Äpfel nicht zerfallen.

In sterile Gläser abfüllen. Die Beete vollständig mit dem Sud bedecken. Am besten 3 Tage ziehen lassen, dann haben sie das Aroma gut angenommen.

EINGEMACHTER KÜRBIS

Der süß-saure Geschmack der Kürbis-Pickles passt zu deftigen Bratwürsten, pikanten Fleisch- und Fischgerichten und zu Käse gekrusteten Speisen. Wenn ihr es gern etwas schärfer mögt, könnt ihr noch ein daumengroßes Stück Ingwer oder zwei kleine Chilischoten mit hineingeben. Aber nicht vergessen: Die Schärfe steigert sich mit der Zeit im Sud.

**FÜR 2 GROSSE GLÄSER
À 1 LITER**

3	Zimtstangen
10	Nelken
2 Pr.	Muskatnuss, frisch gerieben
200 ml	Weißweinessig
6 EL	Zucker
3	Lorbeerblätter
700 ml	Wasser
1 kg	Butternusskürbis bunte Pfefferkörner

Alles außer dem Kürbis in einen großen Topf geben, bei mittlerer Hitze aufkochen und ca. 10 Minuten köcheln lassen.

Kürbis schälen, entkernen und in kleine Stücke schneiden. Zu dem Sud geben und ca. 10 Minuten mitkochen, bis er bissfest ist.

In sterile Gläser abfüllen. Kürbis vollständig mit dem Sud bedecken. Vor dem Verzehr mindestens 1 Woche ziehen lassen.

EXTRA
Die Kürbis-Pickles können auch warm als Beilage zu Reis- und Kartoffelgerichten serviert werden. Einfach Pickles aus dem Vorratsglas in einem Topf bei mittlerer Hitze erwärmen.

ZUCCHINI-PAPRIKA
von Christine

Dieses süß-sauer eingemachte Gemüse schmeckt zu Fleisch- und Fischgerichten. Passt aber auch zu einem herzhaften Abendbrot mit deftiger Wurst und kräftigem Käse, oder gar als Pickles-Gemüse zu Raclette und Fondue.

FÜR 2 GROSSE GLÄSER

1 kg	Zucchini
2	große Zwiebeln
3 TL	Salz
2	rote Paprika
1 TL	Pfefferkörner
1 TL	Senfkörner
1 TL	Salz
600 g	Zucker
500 ml	Essig

Zucchini waschen, Strunk entfernen, längs vierteln und in kleine Würfel schneiden.

Zwiebeln schälen und in Spalten schneiden. Mit den Zucchini in eine Schüssel geben, salzen und über Nacht stehen lassen.

Das dabei entstandene Wasser am nächsten Tag abgießen.

Paprika waschen, Gehäuse entfernen und würfeln.

Restliche Zutaten in einen großen Topf geben und bei mittlerer Temperatur aufkochen. Paprika, Zucchini und Zwiebeln in den Sud geben und ca. 10 Minuten mitkochen, das Gemüse sollte noch bissfest sein.

Gemüse samt Sud in sterile Gläser füllen.

SALZGURKEN
von Renate

Diese Gurken und ganz besonders der Sud sind so gut, dass Renates Familie frische Salatgurke hinterher in den Sud schneidet, wenn die eingelegten aufgebraucht sind. Wir können es total verstehen, dann auch wir sind verrückt nach diesem Rezept.

FÜR 4 GLÄSER

2 kg	frische kleine Einweck-Gurken (gibt es auf dem Markt)
70 g	Salz

Für das Gurkengewürz

2 TL	Senfkörner
3 TL	Pfefferkörner
2	Lorbeerblätter
2 Pr.	Ingwerpulver
1 TL	Wacholderbeeren
½ TL	Piment
4	Nelken

Für den Sud

4 EL	Essig
2 l	Wasser
2 EL	Zucker
1 TL	Salz
1 TL	Gurkengewürz
1	Handvoll Perlzwiebeln
1 Bd.	Dill

Gurken waschen, in eine Schüssel geben und Salz hinzufügen. 1 Tag ziehen lassen.

Für das Gurkengewürz alle Zutaten in einem Gefäß vermengen.

Für den Sud Essig, Wasser, Zucker, Salz und Gurkengewürz in einen Topf geben und bei mittlerer Hitze aufkochen. Etwa 5 Minuten köcheln lassen.

Gurken in vorbereitete Gläser füllen. Gläser mit Zwiebeln und Dill bestücken. Anschließend mit heißem Sud übergießen.

Die Gurken müssen mindestens 7 Tage im Sud ziehen, bevor sie gegessen werden können.

GERÖSTETES PAPRIKAPÜREE
MIT WALNUSSKERNEN

Dieses Rezept ist eine typisch türkische Mezze, die mit vielen weiteren kleinen Gerichten serviert wird. Auch als Brotaufstrich oder zum Verfeinern und Würzen von Saucen eignet es sich bestens. Es schmeckt so richtig toll nach Sommer und passt hervorragend zu einem Barbecue, einem Picknick und einem Essen in der Natur.

FÜR CA. 3 GLÄSER À 200 ML

1 kg	Paprika
1 EL	getrocknete Petersilie
1	Handvoll Walnusskerne
2	Knoblauchzehen
4 EL	Olivenöl
1 TL	türkisches Chilipulver (z. B. Pul Biber)
1 EL	Paprikamark Salz und Pfeffer

Ofen auf 200 Grad (Ober-/ Unterhitze) vorheizen.

Paprika gut waschen, Strunk entfernen, halbieren, entkernen und mit der offenen Seite auf ein mit Backpapier ausgelegtes Blech legen.

Paprika rösten, bis die Haut schwarz wird. Aus dem Ofen nehmen und zügig enthäuten. Abkühlen lassen.

Währenddessen Petersilie, Walnusskerne und Knoblauchzehen mit 1 guten Prise Salz, Olivenöl, Chilipulver und Paprikamark mörsern, bis ein Mus entsteht.

Paprika grob hacken, mit dem Mus vermischen und bei hoher Hitze alles zum Kochen bringen. Gut umrühren und mit Salz und Pfeffer abschmecken.

Noch heiß in sterile Gläser abfüllen.

EXTRA

Wer möchte, nimmt noch ein paar Tomaten dazu. Diese müssen vorher im heißen Wasser blanchiert und gehäutet werden. Und mit Spitzpaprika anstelle normaler Paprika ist das Rezept authentisch türkisch.

MENEMEN

Dieses Gericht lässt sich wunderbar abwandeln und ganz vielfältig verwenden. Die Tomaten-Paprika-Zubereitung ist die Basis für das klassische Menemen, einer Eierspeise aus der Türkei. Man pochiert darin Eier oder macht Rührei daraus und kann es einfach zu jeder Zeit essen. Auch als Sauce für Pasta, Reis, Kartoffeln oder Gemüsepfannen lässt es sich bestens umwandeln.

FÜR 1 GLAS
MIT CA. 500 G VOLUMEN

1 kg	Tomaten
2–3	mittelgroße Zwiebeln
3	Knoblauchzehen
etwas	Olivenöl
500 g	grüne Spitzpaprika
1 EL	Tomatenmark
1 EL	Paprikamark
½ TL	gemahlener Kreuzkümmel
½ TL	gemahlener Bockshornkleesamen
½ TL	türkisches Chilipulver (z. B. Pul Biber)
	Salz und Pfeffer

Tomaten über Kreuz einschneiden, blanchieren und häuten.

Zwiebeln und Knoblauch schälen, die Zwiebeln halbieren und würfeln, den Knoblauch fein hacken. Mit Olivenöl bei mittlerer Hitze andünsten. Spitzpaprika entkernen, halbieren und in feine Streifen schneiden. Zu den Zwiebeln geben. Hitze reduzieren, alles ca. 15–20 Minuten andünsten.

Tomaten würfeln und mit in die Pfanne geben. Tomaten- und Paprikamark unterrühren.

Alle Gewürze dazugeben und gut verrühren. Mit geschlossenem Deckel so lange bei mittlerer Hitze andünsten, bis die Tomaten zusammenfallen. Hitze erhöhen und die Masse noch mal aufkochen.

In sterile Gläser füllen.

Amalfi - Zitronen
1,30 €
Stk | 1,30 €
Italien

Zitronen
Stk |

hielic
€0,10

abaneros

GRUNDREZEPT
FERMENTIERTES KRAUT

Ursprünglich war fermentierter Kohl ein wichtiger Bestandteil der Ernährung und sorgte in den Wintermonaten für eine ausreichende Versorgung mit Vitamin C. Es liefert lebendige Bakterienkulturen, die für eine gesunde Darmflora sorgen und das Immunsystem stärken.

Dieses Rezept ist die Basis für Sauerkraut oder Rotkraut. Das Grundrezept ist bei allen Kreationen gleich. Auf 1 kg Kohl kommen 20 g Salz, das ihr gut verknetet, bis der Kohl vollkommen in seiner eigenen Lake schwimmt. Ihr könnt euer Kraut nach Belieben verändern. So erhält man beispielsweise durch die Zugabe von Kurkuma und Curryblättern ein Curry-Sauerkraut. Mit Ingwer, Kümmel und Zimt verfeinert, bekommt euer Rotkraut eine exotische Note.

FÜR 1 GROSSES GLAS
MIT 1 LITER VOLUMEN

1kg	Weißkohl oder
1kg	Rotkohl (nach Belieben)
20g	Meersalz

Kohl hobeln oder in feine Streifen schneiden. Mit dem Salz vermengen.

In einer großen Schüssel richtig gut durchkneten. Je länger ihr den Kohl knetet und immer wieder auswringt, desto mehr Saft zieht er.

In ein großes, sterilisiertes Glas hineindrücken. Achtet darauf, dass keine Luftlöcher im Glas sind. Das Kraut muss vollständig von seinem eigenen Saft bedeckt sein.

Mit einem kleinen Teller oder einem weiteren Glas das Kraut luftdicht abdecken und das Ganze mit einem Stein oder einem Gewicht beschweren.

Bei Zimmertemperatur mindestens 6 Wochen stehen lassen.

KIMCHI

Kimchi ist ein traditionelles koreanisches Gericht, das fast zu jeder Mahlzeit dazugegessen wird. Er ist das asiatische Pendant zu deutschem Sauerkraut. Traditionell verwendet man noch Fischsauce und eingelegte Shrimps. Unsere Variante hier ist vegetarisch. Je länger man Kimchi stehen lässt, desto saurer wird er. Nach drei Tagen kann man ihn schon probieren. Ist er für den eigenen Geschmack noch nicht sauer genug, einfach noch ein bisschen stehen lassen. Im Kühlschrank hält er sich mindestens 2 Monate, da die durch die Fermentation entstandene Milchsäure sehr gut konserviert.

FÜR 1 GROSSES GLAS MIT 1 LITER VOLUMEN

1 kg	Chinakohl
250 g	Salz
1 l	Wasser
1	Apfel
2	Karotten
150 g	Rettich
1 Bd.	Frühlingszwiebeln
1 Stck.	Ingwer, daumengroß
2	Knoblauchzehen
4 EL	Gochugaru (koreanisches Chilipulver)
1 EL	Zucker

Kohl längs vierteln und äußeren Schmutz entfernen.

Salz im Wasser auflösen, in eine große Auflaufform geben. Kohl hineinlegen und mindestens 5 Stunden, besser über Nacht, einlegen.

Kohl gründlich waschen. Dieser sollte nun etwas salzig schmecken. Den Strunk entfernen, in grobe Streifen schneiden, gut abtropfen lassen.

Apfel, Karotten und 100 g des Rettichs grob raspeln. Frühlingszwiebeln klein schneiden, alles zur Seite stellen. Ingwer, Knoblauchzehen, restlichen Rettich, Chilipulver, Zucker im Mörser oder mit dem Pürierstab zu einer sämigen Paste verarbeiten.

Alles miteinander vermengen und gut durchkneten. In ein sterilisiertes, großes Einweckglas drücken. Darauf achten, dass keine Luftlöcher im Glas zurückbleiben. Es entsteht eine Lake, die für die Milchsäureentstehung essentiell ist. Das Gemüse sollte vollständig mit der Lake bedeckt sein.

Mit einem Gewicht oder einem kleinen Teller beschweren. Nach mindestens 3–5 Tagen bei Raumtemperatur ist das Kimchi bereit für die erste Kostprobe.

SALZZITRONEN

Salzzitronen sind eine wichtige Zutat der marokkanischen Küche. Die in Salz eingelegten Zitronen bilden einen charakteristischen Geschmack und werden zum Würzen von Salaten, Couscous sowie deftigen Fisch- und Fleisch-Tajines verwendet. Durch den hohen Salzgehalt ist ein weiteres Salzen der Speisen nicht mehr notwendig. Sie eignen sich daher auf keinen Fall für den puren Verzehr.

**FÜR 1 GROSSES GLAS
MIT 1 LITER VOLUMEN**

1 kg	unbehandelte Bio-Zitronen
250 g	Meersalz
2	Lorbeerblätter
1 EL	Pfefferkörner
1 EL	Koriandersamen

Zitronen gründlich waschen. 5 Zitronen von beiden Seiten quer einschneiden. Das Innere mit etwas Salz bestreuen. Restliche Zitronen halbieren und entsaften.

Lorbeerblätter, Pfefferkörner und Koriandersamen in einer Pfanne ohne Fett rösten, bis ein toller Duft entsteht.

Die eingeschnittenen Zitronen in ein großes, sterilisiertes Glas geben. Restliches Salz und Gewürze hinzugeben und mit dem Zitronensaft bedecken.

Im Kühlschrank mindestens 3 Wochen stehen lassen. Alle 2–3 Tage das Glas wenden.

EINGELEGTE PILZE

Auch Jonas steuert sein liebstes Swap-Rezept hier bei: in Öl eingelegte Pilze. Er legt viel Wert auf lokale und saisonale Produkte und
geht für sein Rezept sogar eigenhändig auf Pilzsuche. Aber Vorsicht: Das ist nicht ungefährlich, denn nicht alle Pilze sind genießbar – und im schlechtesten Fall hochgiftig. Also nehmt lieber eine
erfahrene Begleitung oder zumindest ein Ratgeberbuch mit auf
die Pilzjagd. Die beste Zeit dafür ist übrigens von Ende Juli bis
November, je nach Sorte und Witterung. Für den Rest des Jahres
lassen sich die Pilze hervorragend einlegen und so das ganze Jahr
über genießen. Weil er in der Küche sehr viel experimentiert
und improvisiert, greift Jonas bei Pilzen übrigens gern zu Sorten,
die geschmacklich eine interessante Vielfalt jenseits von Cham-
pignons bieten: Apfeltäubling, Spitzmorchel, Pfifferling und allem,
was der lokale Wald noch so hergibt. Dazu passen frische Kräuter
wie Rosmarin und Estragon. Mit Knoblauch oder Zwiebeln solltet
ihr lieber sparsam sein, denn deren Aroma entfaltet sich im Öl sehr
intensiv – und das kann den Pilzgeschmack schnell zu stark
übertünchen.

FÜR 1 GROSSES BÜGELGLAS

600 ml	Wasser
150 ml	Weißweinessig
3 EL	Salz
500 g	gemischte frische Pilze
2 Zw.	Rosmarin
4 Zw.	Estragon
2 EL	bunte Pfefferkörner
500 ml	bestes Olivenöl

Wasser mit Essig und Salz in einem Topf bei starker Hitze
aufkochen.

Pilze mit einer Bürste putzen und je nach Größe vierteln, halbieren
oder ganz lassen. In den Sud geben, Hitze reduzieren und 2–3 Minuten ziehen lassen.

Pilze, Kräuter und Gewürze in ein vorbereitetes Bügelglas füllen
und vollständig mit Öl bedecken.

Vor dem Verzehr mindestens 2 Wochen ziehen lassen.

GETROCKNETE, EINGELEGTE TOMATEN

Wenn ihr eure Tomaten selbst trocknen möchtet, braucht ihr viel Zeit. Sie benötigen etwa sieben Stunden im Ofen. Aber gerade zur Tomatenzeit lohnt sich dieser Aufwand. Am besten macht man dies an einem gemütlichen Sonntag, an dem man die Wohnung nicht verlassen möchte. Man muss dabei zwar nichts machen, das Trocknen erledigt ja der Ofen, aber das sollte unter Aufsicht geschehen. Wenn es schneller gehen soll, nehmt ihr einfach fertige getrocknete Tomaten. Ihr könnt selbst ausprobieren, welche Kräuter ihr mit ins Glas füllen möchtet. Majoran, frischen Oregano, Chili ... Ausgezeichnet schmecken die Tomaten im Salat, auf Flammkuchen, zu frischer Pasta und sehr vielem mehr. Das übrig gebliebene Öl könnt ihr selbstverständlich weiter nutzen. Es hat durch die Tomaten ein sehr fruchtiges Aroma.

FÜR CA. 4 MITTELGROSSE GLÄSER

1 kg	kleine Flaschentomaten
7 Zw.	Rosmarin
2 EL	getrockneter Oregano
4	Knoblauchzehen
5 Zw.	Thymian
2 TL	ganze Pfefferkörner
500 ml	bestes Olivenöl
	Meersalz

Ofen auf 100 Grad (Umluft) vorheizen. Tomaten waschen, abtrocknen und längs halbieren. Mit der geschnittenen Seite nach oben auf einem mit Backpapier ausgelegten Blech verteilen.

Hälfte des Rosmarins fein hacken und zusammen mit Oregano und Meersalz über die Tomaten geben.

Tomaten für ca. 6–7 Stunden im Ofen trocknen. Die Ofentür dabei mit einem Holzlöffel leicht geöffnet halten. Nach ca. 3 Stunden Tomaten wenden.

Die Tomaten sind fertig, wenn sie trocken, aber trotzdem noch biegsam sind. Aus dem Ofen nehmen und auskühlen lassen.

Knoblauch schälen. Mit getrockneten Tomaten, übrigem Rosmarin, Thymian und Pfefferkörnern in die Gläser verteilen. Mit Olivenöl befüllen, bis alles gut bedeckt ist. Mindestens 1 Woche durchziehen lassen.

KLEINGEBÄCK

SNICKERS

Snickers aus dem Supermarkt kennt jeder. Dabei sind sie recht einfach selbst zu machen und unschlagbar lecker. Die aus drei unterschiedlichen Schichten bestehende Leckerei lässt sich im Tiefkühler bis zu einem halben Jahr aufbewahren. Es reicht, wenn ihr sie ca. 20 Minuten vor dem Verzehr herausnehmt.

FÜR CA. 20 RIEGEL

1. Schoko-Schicht

125 g	Vollmilchschokolade
125 g	Zartbitterschokolade
65 g	Erdnussbutter

2. Nougat-Schicht

60 g	Butter
200 g	Zucker
60 ml	ungesüßte Kondensmilch
150 g	Marshmallow-Fluff (gibt es in Supermärkten bei den Marmeladen)
1 TL	Vanilleextrakt
200 g	Erdnüsse

3. Karamell-Schicht

400 g	Sahne-Toffees (z. B. Muh Muhs)
60 ml	Sahne

4. Schoko-Schicht

125 g	Vollmilchschokolade
125 g	Zartbitterschokolade
65 g	Erdnussbutter

Schoko-Schicht Beide Schokoladensorten und Erdnussbutter in einem Topf schmelzen und gut verrühren. In einer großen, eckigen Backform oder der Backofen-Fettpfanne verteilen und zum Erhärten in den Kühlschrank (oder ins Tiefkühlfach) stellen.

Nougat-Schicht Butter bei mittlerer Hitze in einem Topf schmelzen. Zucker und Kondensmilch dazugeben und verrühren, bis sich der Zucker vollständig aufgelöst hat. Aufkochen lassen. Mindestens 5 Minuten unter ständigem Rühren köcheln lassen.

Marshmallow-Fluff, Erdnussbutter und Vanilleextrakt hinzugeben und die Masse gut miteinander vermengen. Erdnüsse unterheben und auf der erhärteten Schokomasse mit einem Messer oder einem Teigschaber verteilen. Glatt streichen und wieder im Kühlschrank aushärten lassen.

Karamell-Schicht Toffees und Sahne in einem Topf bei mittlerer Temperatur zum Schmelzen bringen. Das dauert ca. 10 Minuten. Auf der erkalteten Nougat-Schicht verteilen, glatt streichen und im Kühlschrank erhärten lassen.

Schoko-Schicht Wieder die Vollmilch- und die Zartbitterschokolade mit der Erdnussbutter in einem Topf erhitzen und gut miteinander verrühren. Schokoladenmasse als letzte Schicht auf die Karamell-Schicht geben, gut verteilen und glatt streichen. Bis zum Anschnitt mindestens 1 Stunde erkalten lassen.

Mit einem Messer (in heißes Wasser getaucht) in gewünschte Würfel oder Riegel schneiden.

KLASSISCHER PIE CRUST

von Laura und Verena

Den Teig für dieses Rezept könnt ihr bis zu zwei Wochen im Kühlschrank oder zwei Monate im Gefrierfach lagern. Wer also gerne vorbereitet sein und lange davon zehren möchte, macht einfach die doppelte Menge und tobt sich aus.

Der Teig reicht für eine Pie-Form, ca. 23 cm. Anstatt einer klassischen Pie haben Laura und Verena uns für den Food Swap Kekse daraus gemacht, denn die kann man am besten teilen und verschenken. Dafür sind kleine Auflauf- oder auch Muffinförmchen ideal.

GRUNDREZEPT PIE CRUST
FÜR 1 PIE-FORM
ODER 6–8 KEKSE

225 g	Süßrahmbutter
120 ml	Vollmilch
1 EL	Apfelessig
340 g	Mehl
1 EL	Maisstärke
2 EL	Zucker
2 TL	Salz

Butter in 1–2 cm kleine Würfel schneiden und zurück in den Kühlschrank stellen. Super für Pie-Teige sind Edelstahl-Teigschaber, aber ein großes scharfes Messer geht auch.

Vollmilch und Apfelessig miteinander verrühren und ebenfalls kalt stellen. Alle trockenen Zutaten in einer Schüssel vermengen.

Kalte Butterflocken dazugeben und mit dem Teigschaber oder Messer unter zügigen und geraden Hoch-runter-Bewegungen in die Mehlmischung hacken. Wichtig ist, dass die Butter hierbei nicht schmilzt und im Teig noch ganze Butterstücke zu sehen sind. So wird die Kruste blättrig. Wenn die Butter erbsengroße Körner formt und die Teigmischung krümelig-sandig ist, ist der Teig bereit für den nächsten Schritt.

Teigbrösel auf einer großen Arbeitsfläche verteilen und die kalte Milch-Essig-Mischung gleichmäßig darüberträufeln. Alles mit dem Schaber oder einem Löffel zügig vermischen, bis der Teig gerade so zusammenhält. Wenn die richtige Konsistenz noch nicht erreicht ist, nach und nach löffelweise kalte Milch dazugeben, bis der Teig zusammenhält.

Teig in Frischhaltefolie wickeln und mindestens 1 Stunde im Kühlschrank ruhen lassen. Dieser Schritt ist wichtig, ansonsten lässt sich der Teig nicht gut ausrollen.

...

...

Teig auf einer bemehlten Arbeitsfläche ca. 0,5 cm dick ausrollen und für die Kekse ca. 6 cm große Kreise ausstechen. In kleine gefettete Förmchen geben. Ofen auf 180 Grad (Umluft) vorheizen.

Mit Inhalt nach Wahl füllen und ca. 15–20 Minuten hellbraun backen. Wird die Kruste zu schnell braun, könnt ihr sie mit Alufolie abdecken.

APPLE-PIE-FÜLLUNG

Es gibt endlos viele Ideen für süße, salzige, fruchtige oder cremige Pie-Füllungen. Die klassischen amerikanischen Füllungen, etwa mit Kirschen oder Äpfeln, wie man sie als Apple oder Cherry Pie kennt, sind perfekt für den Einstieg. Wir haben unseren Pie Crust ganz klassisch mit Äpfeln gefüllt.
Für den Apple Pie benötigt ihr die doppelte Menge Teig, weil dieser mit einer Teigschicht gedeckt wird.

750 g	säuerliche Äpfel
3 EL	Zitronensaft
1	Bio-Orange, Abrieb
140 g	Rohrzucker plus 2 EL
4 EL	Mehl
1 Pr.	Salz
½ TL	Zimt plus 1 TL
¼ TL	geriebene Muskatnuss
1	Eigelb
2 EL	Milch
	Fett für die Form

Äpfel waschen, schälen, vierteln, entkernen und anschließend in kleine Würfel schneiden und mit Zitronensaft in einer Schüssel vermengen.

Orange waschen und Schale abreiben. Orangenschale, Zucker, Mehl, Salz, Zimt und Muskat zu den Äpfeln geben und gut mischen. Die Masse auf die Formen verteilen.

Den restlichen Teig in Formgröße ausstechen und die Füllung damit abdecken. Teig an den Rändern zusammendrücken und mit der Gabel einen kleinen Schlitz in den Deckel stechen. Alternativ könnt ihr daraus auch ein paar Streifen schneiden und diese nach Belieben auf die Förmchen verteilen. Backofen auf 180 Grad (Umluft) vorheizen.

Zum Schluss Eigelb und Milch verquirlen. Teig damit bestreichen. 1 TL Zimt mit 2 TL Zucker mischen und darüber verteilen.

PUMPKIN-PIE-FÜLLUNG

500 g	Kürbis
2	Eier
350 ml	gesüßte Kondensmilch
180 g	Rohrzucker
1 EL	Mehl
½ TL	Salz
1 ½ TL	Zimt
½ TL	gemahlener Ingwer
½ TL	gemahlener Muskat
½ TL	gemahlene Nelken

Ofen auf 200 Grad (Umluft) vorheizen. Kürbis halbieren, schälen, das Kerngehäuse entfernen und in grobe Spalten schneiden. Mit der Schnittseite nach unten auf ein Blech legen und etwas warmes Wasser mit auf das Blech geben. Etwa 30–40 Minuten backen, bis das Kürbisfleisch weich ist. Abkühlen lassen und pürieren.

Eier, Kondensmilch und Zucker mit dem Kürbispüree vermengen. Alle weiteren Zutaten zufügen und gut mit einem Löffel vermischen. Die vorbereiteten Pie Crust damit füllen.

BEEREN-PIE-FÜLLUNG

Ihr könnt die Beeren Pie offen oder aber auch bedeckt herstellen. Für eine gedeckte Version benötigt ihr die doppelte Menge Teig.

500 g	gemischte Beeren (z.B. Johannisbeeren, Erdbeeren, Himbeeren)
250 ml	schwarzer Johannisbeersaft
2 EL	Zucker
2 EL	Speisestärke
1 TL	abgeriebene Zitronenschale (unbehandelt)
1 TL	Zitronensaft

Gemischte Beeren putzen, waschen und große Beeren halbieren. Ofen auf 180 Grad (Umluft) vorheizen.

Johannisbeersaft mit dem Zucker aufkochen. 50 ml davon abnehmen und mit Mondamin verrühren, in den heißen Saft rühren und nochmals aufkochen. Beeren, Zitronenschale und -saft untermischen und abkühlen lassen.

Die Beerenmischung auf den Pie-Boden verteilen und den Pie entweder offen oder gedeckt, wie gewünscht fertig backen.

BROWNIES IM GLAS

Brownies liebt jeder. Diese Variante im Glas ist besonders schokoladig und saftig. Sie eignet sich nicht nur zum Mitbringen und Verschenken, sondern macht sich auch unheimlich gut auf dem Kuchen- oder Nachtischbufett.

FÜR 5-6 GLÄSER

Für die Brownies

400 g	Zartbitterschokolade
100 g	Butter
25 g	Crème fraîche oder Schmand
160 g	Mehl
80 g	gemahlene Mandeln
1 Pr.	Salz
2 TL	Backpulver
3 EL	Kakaopulver
3	Eier
200 g	brauner Zucker

Unsere Spezialvariante:
mit Kokosmilchglasur

1 Dose	Kokosnussmilch (400 ml), ohne Zusätze und »vollfett«
250 g	Schokolade

Schokolade mit der Butter und 2 EL Crème fraîche in einem Topf bei niedriger Hitze zum Schmelzen bringen. Dabei immer gut umrühren.

Ofen auf 180 Grad (Ober-/Unterhitze) vorheizen. Alle trockenen Zutaten (außer Zucker) in eine Schüssel sieben, zur Seite stellen.

Eier und Zucker 3–5 Minuten schaumig schlagen. Die Masse wird dabei hell und sehr fluffig. Schokolade unterrühren. Die trockenen Zutaten unterheben, bis alles durchmischt ist. Dabei nicht zu lange rühren.

5–6 Sturzweckgläser gut einbuttern. Den Teig zu 2/3 füllen und ca. 20 Minuten backen. Als Richtwert: Die Brownies sollten oben kross, aber nach einer Stechprobe innen noch etwas flüssig bis bröselig sein.

Zu den Brownies im Glas passt bestens eine Kokosmilchglasur! Dafür die Kokosmilch mit der Unterseite nach oben über Nacht im Kühlschrank stehen lassen. Schokolade im Wasserbad zum Schmelzen bringen, leicht abkühlen lassen.

Kokosnussmilch auf der unteren Seite aufmachen und die Flüssigkeit, die sich getrennt hat, auffangen. Wenn erwünscht, die Reste weiterverarbeiten (zum Beispiel für Säfte oder Smoothies).

Die »Kokosnusscreme« mit dem Handrührgerät cremig schlagen, Schokolade unterheben.

Bis zur Verarbeitung kalt stellen. 5–10 Minuten vorher herausnehmen, damit sie streichbar wird und als Topping auf die Brownies geben.

INGWER-SONNEN-
BLUMENKERN-KEKSE

Unsere kernigen Ingwerkekse sind super crunchy und zugleich würzig frisch. Luftdicht verpackt bleiben sie sehr lang genießbar. Die Nuss-Körnermischung ist hier nicht so entscheidend. Ihr könnt verwenden, was ihr zu Hause habt und euch schmeckt. Beachtet hierbei nur: Insgesamt sollten 250 g gehackte Körner und Nüsse zu der Masse gegeben werden. Wer keinen Ingwer mag, kann stattdessen getrocknete Cranberries oder Rosinen als Aromaersatz hinzufügen.

FÜR CA. 40–50 KEKSE

1 EL	kandierter Ingwer
2	Eiweiß
50 g	brauner Zucker
1	Bio-Zitrone, Abrieb
50 g	gemahlene Mandeln
125 g	Sonnenblumenkerne
75 g	Kürbiskerne

Ofen auf 150 Grad (Umluft) vorheizen.

Ingwer in kleine Stücke schneiden. Eiweiße steif schlagen. Den Zucker nach und nach dazugeben. Die Schale der Zitrone reiben und unter die Eimasse rühren. Gehackte Mandeln, Sonnenblumenkerne, Kürbiskerne und kandierten Ingwer vorsichtig unterheben.

Blech mit Backpapier auslegen. Mit einem Teelöffel Teigmasse abnehmen und auf das Blech geben, sodass kleine gehäufte runde Kekse entstehen. Auf der mittleren Schiene 20–25 Minuten goldbraun backen.

VEGANE NUSSECKEN

Nussecken sind in der Weihnachtszeit gar nicht wegzudenken. Unsere Variante ist nicht nur vegan, sondern passt zu allen möglichen Gelegenheiten das ganze Jahr über. Sie sind schnell zubereitet und schmecken luftdichtverpackt auch noch nach einigen Tagen.

FÜR CA. 30 STÜCK

Für den Teig

2 EL	Leinsamen
30 ml	heißes Wasser
300 g	Mehl
100 g	Zucker
1	Vanilleschote, Mark
130 g	pflanzliche Margarine
1 TL	Backpulver

Zum Bestreichen

8 EL	Aprikosenmarmelade

Für den Belag

200 g	Mandeln
200 g	gemischte Nüsse
1	Vanilleschote
200 g	pflanzliche Margarine
200 g	Zucker
4 EL	Wasser
200 g	Schokolade nach Gusto

Ofen auf 175 Grad (Umluft) vorheizen.

Für den Ei-Ersatz die Leinsamen und das Wasser in ein hohes Gefäß geben und pürieren. Anschließend mit den restlichen Teigzutaten in eine Schüssel geben und zu einem glatten Teig verarbeiten.

Blech mit Backpapier auslegen. Den Teig daraufgeben und gleichmäßig ca. 0,5 cm dick ausrollen. Mit Aprikosenmarmelade gleichmäßig bestreichen.

Für den Belag Mandeln und Nüsse hacken. Vanilleschote längs halbieren und Mark mit einem Messer herauskratzen.

Margarine in einem Topf zerlassen. Zucker, Wasser, Schote und Mark der Vanille dazugeben. Aufkochen lassen und unter Rühren bei mittlerer Hitze köcheln lassen, bis die Masse hellbraun karamellisiert. Topf vom Herd nehmen und die Vanilleschote entfernen. Haselnüsse und Mandeln unterrühren.

Die Mandel-Nuss-Masse auf dem Teig gleichmäßig verteilen. 30 Minuten auf der mittleren Schiene backen. Anschließend etwas abkühlen lassen. Nussplatte noch lauwarm in Quadrate von 8–10 cm Kantenlänge schneiden und diese dann zu Dreiecken halbieren und auskühlen lassen.

Schokolade im Wasserbad schmelzen. Abgekühlte Nussecken hineintauchen und auf einem Rost aushärten lassen.

GUINNESS-MUFFINS

Diese Muffins sind super fluffig und saftig. Durch den leicht herben Geschmack des Guinness sind sie auch nicht zu süß, weshalb die Muffins vor allem bei Erwachsenen richtig gut ankommen. Wer mag, kann die Guinness-Muffins noch mit einem Cream-Cheese-Frosting toppen.

FÜR CA. 30 STÜCK

150 g	Schokolade
150 g	Ameretti
150 g	Mandelspekulatius
250 g	Butter
135 g	brauner Zucker
4	Eier
330 ml	Guinness-Bier
50 g	Kakao
40 g	Honig
200 g	Mehl
1 Pck.	Backpulver

Ofen auf 200 Grad (Umluft) vorheizen.

Schokolade klein hacken und im Wasserbad schmelzen. Ameretti und Mandelspekulatius hacken und in eine Schüssel geben.

Butter in kleine Stücke schneiden und mit dem Zucker in einer Schüssel gut mit dem Handmixer vermengen. Eier hinzufügen und die Masse schön schaumig rühren.

Geschmolzene Schokolade, Ameretti und Mandelspekulatius, Guinness-Bier, Kakao und Honig ebenfalls dazugeben und alles miteinander verrühren. Mehl und Backpulver hinzufügen und so lange rühren, bis ein glatter Teig entsteht. Muffinförmchen ¾ voll füllen.

Auf mittlerer Schiene 25 Minuten backen.

Cream-Cheese-Frosting

250 g	Puderzucker
250 g	Butter (Zimmertemperatur)
1 TL	Vanilleextrakt oder das Mark 1 Vanilleschote
3–4 TL	Zitronensaft
300 g	Frischkäse

Puderzucker in eine Schüssel sieben und beiseitestellen.

Butter in eine zweite Schüssel geben und 3–4 Minuten mit dem Handrührgerät oder der Küchenmaschine rühren. Die Butter sollte hinterher schön fluffig sein.

Nach und nach Puderzucker dazugeben. Hierbei immer wieder auf höchster Stufe schlagen, damit Luft eingearbeitet wird. Vanille und Zitronensaft zufügen und unterrühren.

Den Frischkäse untermischen. Auch hier gilt: Nach und nach einrühren, bis alles zu einer glatten Masse verarbeitet ist. Das Frosting auf die ausgekühlten Muffins geben.

LIMETTEN-INGWER-CHEESECAKE IM GLÄSCHEN

Dieser Cheesecake kommt ganz ohne Backen aus. Da er aber etwas Zeit benötigt, solltet ihr ihn am Vortag zubereiten. Falls ihr noch etwas Zitronenmarmelade oder Lemon Curd übrig habt, könnt ihr dies anstelle des Ingwer-Limetten-Gelees nutzen. Wer es von euch nicht so zitrus-lastig mag, kann natürlich auch jede andere Marmelade wählen, jeder eben so, wie er es mag!

FÜR 10 KLEINE GLÄSCHEN

150 g	kernige Hafer- oder Vollkornkekse
100 g	Butter
2	Bio-Limetten, Abrieb
8	Limetten, Saft
1 Stck.	Ingwer, daumengroß
200 g	Frischkäse
50 g	Zucker (je nach Geschmack, wie süß man es haben möchte)
1 TL	Vanilleextrakt oder Mark 1 Vanilleschote
200 g	Schlagsahne
50 ml	Wasser
150 g	Gelierzucker

Kekse in einer Schüssel klein bröseln. Butter klein schneiden und in einem Topf bei mittlerer Hitze schmelzen, leicht anbräunen lassen. Butter in die Schüssel mit den Keksbröseln geben und gut vermengen, sodass alle Brösel gut benetzt sind. Masse ca. 3 mm hoch auf die Gläser verteilen und 1 Stunde kalt stellen.

Limetten heiß waschen, reiben und auspressen. Ingwer schälen und klein hacken. Die Hälfte des Limettensaftes, der Schale und des Ingwers mit dem Frischkäse, Zucker und Vanilleextrakt in eine Schüssel geben und gut mit dem Handmixer verrühren. Sahne in ein hohes Gefäß schütten, steif schlagen und dann unter die Frischkäsemasse heben.

Die Frischkäse-Creme auf die Gläser verteilen.

Den restlichen Limettensaft, Limettenabrieb, Ingwer, Wasser und Gelierzucker bei hoher Hitze aufkochen. Die Hitze reduzieren und 3 Minuten köcheln lassen, bis die Gelierprobe positiv ausfällt.

Das Zitronengelee zügig auf die Gläser verteilen und über Nacht kalt stellen.

SHORTBREAD

Shortbread ist ein schottisches, süßes Mürbeteiggebäck, das unserem Sandgebäck ähnelt und gern zur »Tea-Time« gegessen wird. Es wird bei geringer Temperatur gebacken, um die traditionelle helle bis goldgelbe Farbe der Kekse zu erhalten. Nach dem Erkalten wird es schön fest und hält sich in einer luftdichten Dose verpackt recht lange. Das klassische Rezept besteht aus einem Teil Zucker, zwei Teilen Butter und drei Teilen Mehl. Damit die Kekse schön auf der Zunge zergehen, ist es wichtig, feinsten Zucker zu verwenden und alles schön mit der Hand zu kneten. Man mag es kaum glauben, aber es wird am Ende doch ein fester, gut zu verarbeitender Teig, den man entweder in der Form in schmale »fingers« schneiden oder mit einem Glas in Kreise ausstechen kann. Wer mag, kann zusätzlich Zitronen- oder Orangenschale, klein gehackte Nüsse oder Trockenfrüchte, kandiertes Obst, Kakao, Mohn oder Zimt hinzufügen. Wir haben die Shortbreads gleich mit unseren kandierten Zitronenschalen und ein wenig Zitronenabrieb verfeinert.

FÜR CA. 25 PORTIONEN

200 g	Butter plus Butter zum Fetten der Form
100 g	feinster Zucker plus Zucker zum Bestreuen
200 g	Mehl
100 g	Reismehl
1 Pr.	Salz

Ofen auf 150 Grad (Ober- und Unterhitze) vorheizen. Eine rechteckige Form mit etwas Butter fetten und mit Mehl bestäuben.

Butter mit Zucker schaumig schlagen. Mehl, Reismehl und Salz dazugeben und mit den Händen kneten, bis eine glatte Masse entsteht.

Teig in die Backform geben und festdrücken. Mehrmals mit der Gabel einstechen und im Ofen ca. 25–30 Minuten backen, bis das Shortbread goldgelb ist. Aus dem Ofen nehmen und direkt mit etwas Zucker bestreuen. Abkühlen lassen und in fingerbreite Streifen schneiden.

OPTIONAL

Ihr könnt euer Shortbread noch mit kandierten Zitronenschalen und ein wenig Zitronenabrieb verfeinern. Hierzu mischt ihr die Zutaten entweder direkt mit in den Teig oder bestreut das Shortbread vor dem Backen mit der Mischung.

COOKIES

Grundrezept für eine selbst gemachte
Backmischung im Glas

Es gibt unzählige Rezepte für klassische amerikanische Chocolate-Chip-Cookies. Sie sind in Windeseile gemacht und perfekt als Geschenk. Man kann sie in allen erdenklichen Variationen backen. Hat man einmal die Basis, könnt ihr alle Zutaten nehmen, die ihr zu Hause habt, die ihr mögt oder die ihr vertragt. Sie kommen sogar vollkommen ohne Ei aus, weshalb sie auch vegan sein können! Es gibt nur eine einzige Regel, die ihr unbedingt beachten müsst: Ersetzt den braunen Zucker auf keinen Fall komplett mit weißem, denn dieser ist sehr wichtig für den Crunch. Der weiße Zucker ist wichtig, damit die Kekse von innen richtig schön saftig werden. Und das ist ja genau das, was wir alle an einem Cookie mögen: außen hart, innen weich und mit riesigen Schokostücken. Wir nehmen daher sehr gern richtig gute Schokolade und hacken sie in grobe Stücke. Wer mag, kann selbstverständlich auch Schokodrops nehmen. Was auch immer in eure Cookies kommt: Dazu passt natürlich ein Glas kalte Milch genauso gut wie Tee oder Kaffee.

FÜR 1 BACKMISCHUNG IN 1 GLAS
MIT 1 LITER FASSUNGSVERMÖGEN

300 g	grob gehackte Schokolade
80 g	Walnusskerne
350 g	Mehl
1 TL	Backpulver
1 TL	Natron
1 Pr.	Salz
85 g	Haferflocken
110 g	Vollrohrzucker
100 g	weißer Zucker
300 g	Butter
1 TL	Vanilleextrakt (oder 1 Pck. Bourbon-Vanille)

VARIATIONEN

Weiße Schokolade und getrocknete Cranberries, Macadamia, bunte Streusel, karamellisierte Nüsse

Schokolade und Walnüsse grob hacken, zur Seite stellen. Mehl, Backpulver, Natron und Salz gut miteinander vermengen.

Schichtweise die folgenden Zutaten der Reihe nach in das Glas geben: Mehl-Mischung, Haferflocken, die Hälfte der Schokolade, Vollrohrzucker, zweite Häfte der Schokolade, weißer Zucker, Walusskerne.

Gut verschließen.

Hält sich mindestens 1 Jahr, wenn man so lange widerstehen kann!

Wer die Kekse direkt backen möchte, mischt den Inhalt mit Butter, Vanilleextrakt und macht daraus esslöffelgroße Kugeln. Im vorgeheizten Ofen bei 175 Grad (Umluft) sind sie in 9 Minuten gebacken. Sie dürfen auf gar keinen Fall braun werden!

Frisch aus dem Ofen und warm sind sie noch sehr weich. Sie härten beim Abkühlen aus.

»GRETCHENS MAKRÖNCHEN«
von Steffi

Eine Prise Liebe und richtig feines Mandelmehl, das sind Steffis Geheimzutaten für ihre großartigen Macarons. Sie benötigen etwas Übung und deswegen empfiehlt die Café- und Konditoreibesitzerin Geduld – und gibt den Tipp, gleich die zweifache oder sogar dreifache Menge der Zutaten einzukaufen, man weiß ja nie. Steffi liebt das Rezept nicht nur wegen der tollen Optik, sondern auch wegen dessen raffinierter Vielfältigkeit, angefangen von der Farbe und Verzierung der Macarons bis hin zur Ganache, die ihr ganz nach Geschmack und Anlass beispielsweise fruchtig oder herb, nussig oder mit etwas Schnaps variieren könnt. Auch wenn die Macarons euch am Anfang vielleicht ein paar Nerven kosten werden – die Freude über das Ergebnis und die Komplimente, die ihr für die feinen Macrönchen einheimsen werdet, sind die Mühe wert!

FÜR CA. 35 STÜCK

Für die Ganache

240 g	weiße Kuvertüre
100 g	Fruchtpüree nach Wahl (hier Mango)
10 g	Butter
option.	
1	Schuss Schnaps (hier 43 Likör)
1	Bio-Limette, etwas Abrieb

Für die Makrönchen-Deckel

360 g	Puderzucker
200 g	sehr fein gemahlene Mandeln (oder Mandelgrieß)
6	Eiweiß
80 g	Zucker
1 Pr.	Salz
	gelbe Lebensmittelfarbe
	feste Backmatte (Silikon) mit Macaron-Form-Hilfen
	Spritzbeutel und Tülle

Kuvertüre klein hacken und in eine Schüssel geben. Fruchtpüree, Butter, Schnaps und Limette in einen Topf geben und erhitzen. Dann auf die Kuvertüre gießen und gut verrühren. So schmilzt sie von alleine, auch ohne Wasserbad. Die entstandene Ganache direkt in einen Spritzbeutel füllen und verschließen. Für mehrere Stunden kalt stellen.

Für die Schalen den Puderzucker und gemahlene Mandeln sieben, gut miteinander vermischen und beiseitestellen.

Eiweiße, Zucker und Salz auf hoher Stufe schaumig schlagen, bis die »Schnabelprobe« gelingt: Wenn ihr mit einem Löffel durch den Eischnee zieht, zeigt sich eine seidige, schaumige Masse – die Form am Löffel ähnelt einem Schnäbelchen. Wolkiger Eischnee bedeutet hier leider, dass sie »überschlagen« und nicht mehr nutzbar ist. Zuletzt etwas gelbe Lebensmittelfarbe zu dem Eischnee geben und vorsichtig mischen.

Mandel-Zucker-Gemisch zügig unter den Eischnee heben, bis eine glatte Masse entsteht, die nicht zu fest ist. Direkt in den Spritzbeutel mit ca. 13 cm Tülle füllen und auf eine Silikonmatte spritzen. Dabei gerade von oben auf die Mitte zielen und ca. 2/3 des Kreises ausfüllen, da die Masse noch etwas zerläuft. Das Blech ein paarmal

leicht und vorsichtig auf die Arbeitsplatte klopfen, um Luftlöcher zu lösen. Ca. 1 Stunde trocknen lassen, bis eine leichte Haut entsteht.

Ofen auf 160 Grad (Umluft) vorheizen. Die Schalen ca. 7 Minuten backen, aufpassen, dass sie nicht zu dunkel werden. Aus dem Ofen nehmen und auskühlen lassen.

TIPPS

Am besten schon 1 Tag vorher mit der Herstellung der Ganache beginnen – so kann sie über Nacht ruhen.

Je feiner die Mandeln gemahlen sind, desto leichter gelingt das Rezept und die Macarons werden schön eben und glatt. Ihr erkennt das an der Farbe: Hell, gold-gelb bedeutet »schön fein«.

Die Spritztülle der Ganache an der Spitze aufschneiden. Auf eine Macaron-Schale mittig spritzen, sodass ca. 2/3 der Form bedeckt ist und mit der zweiten Schale leicht drehend behutsam zuklappen, da die Macarons leicht brechen. Perfekt ist das Macrönchen, wenn nichts herausquillt, aber auch nicht zu wenig Ganache verwendet wurde.

Die Macarons sollten gut gekühlt werden und schmecken noch ganz frisch am besten! Allerdings könnt ihr sie auch super einfrieren.

KNABBERKRAM

SCHOKO-
POWER-KUGELN
von Anna

Diese Power-Kugeln sind wunderbar zum Snacken und Naschen zwischendurch und sind eine gesunde Alternative zu Schokolade. Und, fast das Beste: Sie geben viel Power!
Die Datteln könnt ihr auch durch getrocknete Feigen ersetzen. Wenn ihr eine weihnachtliche Version möchtet, fügt noch etwas Zimt hinzu.

FÜR CA. 30 KUGELN

200 g	getrocknete Datteln
120 g	Cashewnüsse
70 g	Rosinen
25 g	Kakao

Datteln entkernen und halbieren. Alle Zutaten in einem Mixer so lange hacken, bis eine klebrige Masse entsteht.

Aus der Masse mit einem Teelöffel Häppchen abtragen und zu Kugeln formen.

Nach Belieben in Kakaopulver oder klein gehackten Cashewnüssen wälzen. In einer luftdichten Verpackung aufbewahren.

CHIA-HAFER-
KOKOSKUGELN

Anstelle der Erdnusscreme könnt ihr in diesem Rezept auch Mandelmus oder ein Mus von anderen Nüssen nehmen. Die körnigen Kugeln kommen recht süß daher. Mögt ihr es weniger süß, einfach die Agavendicksaft- bzw. Honigmenge reduzieren.

FÜR CA. 10 KUGELN

1	Vanilleschote, Mark
100 g	Haferflocken
70 g	Erdnussbutter
3 EL	Agavendicksaft oder Honig
2 EL	Kokosflocken
1 EL	Chia-Samen
20 g	Zartbitterschokolade

Vanilleschote längs halbieren und das Mark mit einem Messer auskratzen. Mark, Haferflocken, Erdnussbutter, Honig, Kokosflocken und Chia-Samen in einer großen Schüssel miteinander vermengen.

Mit einem Teelöffel Masse abnehmen und zu Kugeln formen. Die Kugeln ca. 30 Minuten in den Kühlschrank stellen, bis sie eine feste Konsistenz haben. Schokolade im Wasserbad schmelzen.

Kugeln aus dem Kühlschrank nehmen und in der Schokolade vorsichtig wenden, bis sie überall mit Schokolade bedeckt sind. Nochmals für einige Minuten kalt stellen. In einer luftdichten Box bleiben sie im Kühlschrank bis zu 5 Tage frisch.

CHIA-REIS-RIEGEL

Die Chia-Reis-Riegel sind herrlich saftig. Wenn ihr mögt, könnt ihr
zu dem kochenden Reis auch etwas Zimt oder Kakaopulver hinzugeben. Wir haben die Riegel mit getrockneten Äpfeln, Cranberries,
Datteln und Aprikosen zubereitet. Ihr könnt nehmen, was ihr
am liebsten mögt. Auch bei den Nüssen und Kernen habt ihr alle
Freiheiten. Wir haben Walnusskerne, Haselnüsse, Mandeln,
Kürbiskerne und Sonnenblumenkerne gemischt. Wie immer gilt:
einfach ausprobieren! Die einzelnen Riegel halten sich am besten
in Alufolie gewickelt im Gefrierfach.

FÜR 1 BLECH

1 l	Kokosmilch
250 g	Milchreis
125 g	Trockenfrüchte
125 g	Nüsse und Samen
3 EL	Chia-Samen
1 EL	Agavendicksaft oder Honig

Kokosmilch erwärmen und Milchreis darin aufkochen. Bei geringer
Hitze im geschlossenen Topf unter gelegentlichem Rühren ca.
25 Minuten quellen lassen, bis der Reis die Milch komplett aufgeso-
gen hat.

Ofen auf 150 Grad (Ober-/Unterhitze) vorheizen.

Obst und Nüsse klein hacken. Alle restlichen Zutaten zu dem Reis
geben und gut vermischen. Masse auf ein mit Backpapier ausgelegtes Backblech ausbreiten und ca. 1,5 cm dick glatt streichen.

30 Minuten im vorgeheizten Ofen backen. Anschließend abkühlen
lassen. In die gewünschte Größe schneiden.

SALZIGE FLAPJACKS
von Johanna

Tilo und Nana, Johanna und David machen erfrischenden Tonic-Sirup, salzige Flapjacks und fruchtig-süße Schoko-Pomelos. In dieser Küche macht jeder einfach das, was er am liebsten mag: Nana liebt den selbst gemachten Tonic-Sirup (Siehe Seite 215), die Flapjacks sind der perfekte Snack für Johannas Schulpausen und Tilos mit Schokolade überzogenen Pomelos überzeugen selbst den Obst-Skeptiker David. Außerdem lassen sich alle Rezepte perfekt verschenken oder tauschen. Mutter Nana ist der kreative Küchenchef der Familie, und von ihr kommt auch das Rezept für unseren neuen Lieblingssnack, die Flapjacks. Eigentlich werden die britischen Haferkekse mit Sirup und Nüssen zubereitet, aber Nana hat sie abgewandelt und eine salzige Variante kreiert. Mit Süßkartoffeln, Möhren und einem würzigen Käse werden die Riegel zur nährstoffreichen und gesunden Zwischenmahlzeit.

FÜR 15–20 KLEINE RIEGEL

350 g	alter Gouda
300 g	Süßkartoffeln
2	kleine lila Karotten
100 g	Butter
2	Eier
300 g	feine Haferflocken
½ TL	Salz

Ofen auf 180 Grad (Umluft) vorheizen.

Gouda hobeln. Süßkartoffeln und Möhren waschen, schälen und fein raspeln.

Butter schmelzen. Eier verquirlen. Alle Zutaten in eine Schüssel geben und gut vermengen.

Eine große Auflaufform bereitstellen. Die Masse in die Form füllen, ca. 2–3 cm hoch und leicht andrücken. 20 Minuten auf der mittleren Schiene backen. Abkühlen lassen und in Streifen schneiden.

CURRY-
KORIANDER-CASHEWS
von Christine

FÜR 1 BLECH

1 TL	frischer Koriander
10 g	Butter
200 g	Cashewkerne
1 EL	Honig oder
	Agavendicksaft
1 TL	Curry
	Salz
	Chilipulver

EXTRA

Für Curry-Vanille-Nüsse braucht ihr nur 1/2 TL Curry und statt der Kräuter das Mark 1 Vanilleschote.

Die Currymischung verleiht den gerösteten Cashews eine fruchtig-süße und leicht scharfe Note.
Ihr könnt die Cashews durch andere Nüsse ersetzen oder auch verschiedene Nüsse mischen.

Ofen auf 170 Grad (Umluft) vorheizen.

Koriander waschen, trocken schütteln und fein hacken. Butter in einer Pfanne oder einem Topf zerlassen. Nüsse, Honig, Curry und Koriander hinzufügen und kurz anrösten.

Blech mit Backpapier auslegen. Die Nüsse auf dem Blech verteilen. Salzen und mit Chilipulver bestreuen. 10–12 Minuten im Ofen rösten. Die Nüsse zwischendurch wenden.

KARAMELLISIERTE
GEWÜRZNÜSSE

FÜR 1 KNABBERSCHALE

1 TL	Zimt
1 TL	Curry
1 TL	scharfes Paprikapulver
1 TL	gemahlener Kardamom
1/2 TL	Kreuzkümmel
1/4 TL	Muskat
200 g	Nuss- und Kernemischung
50 g	Zucker
2 EL	Wasser
5 g	Butter

EXTRA

Das Bild zu diesem Rezept findet ihr auf Seite 174.

Gewürznüsse sind eine tolle und gesunde Knabberei für zwischendurch, die außerdem viel Energie spendet. Sie sind schnell gemacht und durch verschiedene Gewürzkombinationen sehr wandelbar. Nehmt Nüsse und Gewürze, die euch am besten schmecken und probiert aus!

Alle Gewürze mischen. Nüsse in einer Pfanne ohne Fett rösten, bis sie schön gold-braun sind. Die fertigen Nüsse in einer Schale zur Seite stellen.

Zucker und Wasser in derselben Pfanne karamellisieren. Wenn der Zucker komplett aufgelöst ist und sich leicht bräunt, Butter zufügen und alles gut verrühren. Zuerst die Nüsse, dann die Gewürzmischung zufügen und alles gut durchmischen.

Die Nüsse auf ein Backpapier verteilen und warten, bis das Karamell hart geworden ist. Zum Schluss den Nusskaramell klein brechen.

GRANOLA-MÜSLI
MIT KOKOS UND CRANBERRIES

Süß, kernig, fruchtig, schokoladig! Dieses Granola-Müsli schmeckt, ganz klar, besonders zum Frühstück mit Obst und Joghurt oder Milch. Aber einmal für den Vorrat gemacht, lassen sich damit auch einfach andere Backkreationen wie Muffins oder süße Aufläufe zaubern.

FÜR 1 GROSSES VORRATSGLAS

50 g	Schokolade nach Belieben
150 g	getrocknete Cranberries
200 g	ganze ungeschälte Mandeln
400 g	zarte Haferflocken
4 EL	Sonnenblumenkerne
3 EL	Sesamsamen
2 TL	Zimt
1 TL	gemahlener Ingwer
100 ml	neutrales Speiseöl
150 ml	Ahornsirup
50 g	Kokos-Chips

Backofen auf 170 Grad (Umluft) vorheizen.

Schokolade zerkleinern und im Wasserbad schmelzen. Cranberries einrühren, rausnehmen und auf einem Backpapier erhärten lassen.

Mandeln grob hacken. Mit Haferflocken, Sonnenblumenkernen, Sesamsamen, Zimt und Ingwer gut vermengen. Öl und Ahornsirup dazugeben und alles gut verrühren.

Die Masse im Ofen 30 Minuten braun rösten, dabei immer wieder wenden, damit sie von allen Seiten gut durchbräunt.

Abkühlen lassen. Kokos-Chips und mit Schokolade überzogene Cranberries dazugeben. In einem luftdichten Gefäß verschlossen, hält die selbst gemachte Müslimischung bis zu 2 Monate.

SCHOKOLADEN-
HASELNUSS-GRANOLA
von Daria

FÜR 1 MITTELGROSSES VORRATSGLAS

80 g	Haselnüsse
20 g	gehobelte Mandeln
100 g	zarte Haferflocken
100 g	Dinkelflocken
80 ml	neutrales Speiseöl
½ TL	Salz
3 TL	Kakao
120 ml	Ahornsirup

Ofen auf 170 Grad (Umluft) vorheizen. Nüsse und Mandeln hacken, mit Haferflocken und Dinkelflocken in einer großen Schüssel vermengen.

In einer kleinen Schüssel Öl, Salz, Kakao, Ahornsirup und Vanillemark vermischen. Die flüssige Mischung zu der Haferflockenmischung geben. Alles gut umrühren, sodass alle Flocken und Nüsse gut überzogen sind. Die Mischung auf ein mit Backpapier ausgelegtes Backblech geben und gut verteilen.

30 Minuten backen. Immer wieder wenden, damit alles gleichmäßig röstet.

GEMÜSECHIPS

Gemüsechips sind eine gesunde Alternative zu den Fertigchips aus der Tüte. Sie kommen ganz ohne Geschmacksverstärker und künstliche Aromen aus und sind ideal als Snack zwischendurch. Ob Zucchini, Süßkartoffeln, Grünkohl, Rote Beete oder Karotten – die Zubereitung der Chips läuft immer ähnlich ab, ganz gleich für welches Gemüse ihr euch entscheidet. Putzen, trocknen und in hauchfeine Scheiben hobeln. Mit Olivenöl beträufeln, nach Belieben würzen und mit den Händen gut durchkneten. Anschließend im Ofen backen, bis sie knusprig sind. Für maximal knusprige Chips ist Folgendes wichtig:

• Je dünner die Scheiben, desto knuspriger werden sie.
• Die Chips dürfen nicht aufeinanderliegen, sonst trocknen sie nicht gleichmäßig.
• Ofen während des Backens alle 5–10 Minuten öffnen, damit der Wasserdampf entweichen kann.
• Zwischen knusprig und verbrannt liegen nur wenige Sekunden, also Gemüsechips gut im Auge haben!

SÜSSKARTOFFEL-CHIPS

400 g	Süßkartoffeln
80 ml	Essig
2 EL	Olivenöl
1½ TL	Fleur de Sel

Ofen auf 150 Grad (Umluft) vorheizen.

Süßkartoffeln waschen und trocknen. In dünne, runde Scheiben hobeln. Aus Essig, Olivenöl und Fleur de Sel eine Marinade zusammenrühren und über die Scheiben träufeln.

Blech mit Backpapier auslegen. Die Chips auf dem Blech verteilen und 20 Minuten im Ofen trocknen. Umdrehen und weitere 20 Minuten von der anderen Seite trocknen.

ROTE-BEETE-CHIPS

400 g	Rote Beete
1 EL	Thymian
1 EL	Olivenöl
1 TL	Fleur de Sel

Ofen auf 150 Grad (Umluft) vorheizen. Blech mit Backpapier auslegen.

Rote Beete schälen, in 2 mm dünne Scheiben hobeln. Thymian hacken.

Rote Beete auf dem Blech verteilen. Mit Öl bestreichen, mit Thymian bestreuen und salzen.

Etwa 45 Minuten backen. Nach der Hälfte der Zeit Rote-Beete-Chips wenden.

GRÜNKOHLCHIPS

200 g	Grünkohl
3 EL	Olivenöl
1 EL	Erdnussbutter
1 EL	Fleur de Sel
1 TL	Paprikapulver

Ofen auf 130 Grad (Umluft) vorheizen.

Grünkohlblätter waschen und trocknen. Blätter vom Strunk befreien und in mundgerechte Stücke zupfen. Übrige Zutaten in einer Schüssel zu einer Marinade verrühren. Die Grünkohlblätter dazugeben und so lange mit den Händen kneten, bis sie vollständig mit der Marinade benetzt sind.

Kohl auf ein mit Backpapier ausgelegtes Backblech geben. Etwa 40 Minuten im Backofen trocknen.

ZUCCHINI-PARMESAN-CHIPS

400 g	Zucchini
1	Koblauchzehe
1 EL	Olivenöl
30 g	Parmesan
1 TL	Fleur de Sel
	Pfeffer

Ofen auf 130 Grad (Umluft) vorheizen.

Zucchini in sehr dünne Scheiben schneiden und in eine Schüssel geben. Knoblauch pressen oder im Mörser klein stoßen und mit dem Olivenöl mischen, über die Zucchinischeiben geben und Scheiben im Öl schwenken.

Parmesan fein reiben, in einen tiefen Teller geben und mit Salz und Pfeffer vermengen. Jede Scheibe einzeln von beiden Seiten darin wälzen.

Blech mit Backpapier auslegen. Chips einzeln darauflegen und im vorgeheizten Ofen ca. 1 Stunde backen.

MÖHREN-CURRY-CHIPS

300 g	Möhren
1 EL	Olivenöl
etwas	Fleur de Sel
½ TL	Currypulver

Ofen auf 150 Grad (Umluft) vorheizen.

Die Möhren putzen, schälen und quer halbieren. Mit dem Sparschäler in hauchdünne Streifen schneiden.

Möhrenstreifen, Olivenöl, Fleur de Sel und Currypulver in einer Schüssel mit den Händen mischen. Blech mit Backpapier auslegen. Möhrenstreifen nebeneinander darauf verteilen. Im Ofen auf der mittleren Schiene 15 Minuten backen.

Temperatur auf 100 Grad reduzieren und die Möhren weitere 15 Minuten knusprig backen.

TRÜFFEL

Wir lieben Schokolade, keine Frage. Ob als Brownies, Kekse, Aufstrich oder pur – unser Verlangen nach der sündhaften Süßigkeit ist groß. Diese Pralinen sind definitiv die Krönung, wenn es darum geht, puren Schokogenuss auf der Zunge zu spüren: Die Schokotrüffel bringen ein intensives Schokoerlebnis in geballter Konzentration.

Wer möchte, kann natürlich Kugeln daraus formen. Uns gefällt die rechteckige Form aber auch sehr gut und wir finden es praktisch, dass wir uns die Hände dabei nicht dreckig machen müssen. Die Trüffel lassen sich zudem bestens einfrieren.

FÜR 25-30 TRÜFFEL

2	Eigelbe, Zimmertemperatur
450 g	Schokolade mit mindestens 60 % Kakaoanteil
150 g	Butter
1 Pr.	Meersalz
35 g	bestes Kakaopulver

EXTRA

Die Trüffel lassen sich gut verpackt im Kühlschrank bis zu 2 Wochen aufbewahren, gefroren bis 3 Monate. Wenn gewünscht, einfach mit ein wenig Kakaopulver »auffrischen«.

Eigelbe in einer Schüssel über einem Wasserbad lauwarm erhitzen. Beiseitestellen.

Schokolade klein hacken, mit Butter und Salz über dem Wasserbad schmelzen und gut durchmischen. In einen Mixer geben.

1/2 Tasse Wasser zum Kochen bringen. Zügig und noch kochend zu den warmen Eigelben geben und mit einem Silikon-Spachtel gut verrühren. Ei-Masse durch ein Sieb in den Mixer zu der Schokolade geben. Achtet darauf, dass ihr so viel wie möglich von der Flüssigkeit herausbekommt. Drückt oder presst aber auf keinen Fall nach, damit nichts von dem gekochten Ei mit im Mixer landet.

Die Masse nun so lange mixen, bis eine sämige, seidige Creme entsteht. Dafür müsst ihr die Flüssigkeit hin und wieder mal von der Wand des Mixers schaben. In eine mit Backpapier ausgelegte (Auflauf-) Form geben, abkühlen lassen. Abdecken und für ein paar Stunden in den Kühlschrank stellen.

Kakaopulver in eine breite Schale geben. Die Trüffel samt Backpapier aus der Form nehmen und mit der Backpapierseite nach oben auf ein großes Schneidebrett legen. Backpapier vorsichtig entfernen und mit einem scharfen Messer (in warmes Wasser getränkt) ca. 4 cm große Rechtecke schneiden. Wollt ihr sie kleiner – kein Problem! Hin und wieder das Messer abwischen und wieder in warmes Wasser tauchen. Solltet ihr doch lieber die klassische runde Form mögen, dann einfach die Hände mit ein wenig Kakao bestäuben und aus den Stücken Kugeln formen.

Trüffelstücke im Kakao wälzen, bis alles damit bedeckt ist.

KARAMELLBONSCHEN

Was ergeben Zucker, Butter und Sahne? Die wohl süßesten kleinen Mitbringsel, die man einfach und schnell zubereiten kann. Variiert auch hier, wie ihr wollt:

Wer schokoladige Bonbons haben möchte, fügt einfach 2 EL Kakao zu der Masse dazu. Wer Erdnusskaramell möchte, nimmt noch 1 EL Erdnussbutter und eine Handvoll gehackte Erdnüsse. Auch eine Prise Zimt passt sehr gut. Schneidet die Masse nach Erkalten einfach in die gewünschte Form und wickelt sie in Butterbrotpapier.

FÜR CA. 60 STÜCK

250 g	Zucker
250 ml	Sahne
60 g	Golden Sirup
50 g	Butter
½	Vanilleschote, Mark oder
½ Pck.	Bourbon-Vanille
	feines Meersalz
3 EL	flüssige Butter zum
	Einfetten

Ein Backblech mit Alufolie auskleiden.

Zucker, Sahne, Sirup, Butter und Vanille in einen Topf geben und auf mittlerer Hitze zum Kochen bringen, bis die Temperatur 122 Grad erreicht – das dauert ca. 10–20 Minuten. Habt ihr kein Thermometer zur Hand, könnt ihr folgenden Trick anwenden: ein Glas mit sehr kaltem Wasser füllen. Einen Tropfen Karamell hineingeben. Formt sich das Karamell ballförmig zusammen, ist die gewünschte Temperatur erreicht.

Die mit Alupapier ausgekleidete Form mit flüssiger Butter einfetten und die Masse auf dem Blech verteilen, ein paar Minuten auskühlen lassen. Nach Belieben mit Meersalz bestreuen. Ihr könnt das Blech auch mit Nüssen oder Samen auskleiden, so bekommt ihr ein wenig Biss in eure Bonschen.

Die Karamellmasse 3–4 Stunden aushärten lassen, von der Folie lösen, dann in die gewünschte Größe schneiden. Klebt das Karamell zu sehr, könnt ihr das Messer einfach mit neutralem Öl abwischen. Die fertigen Bonschen in Wachs- oder Butterbrotpapier einwickeln.

Sie halten bis zu einer Woche, im Kühlschrank auch länger. Und: Sie lassen sich auch perfekt einfrieren.

LAKRITZ

Lakritz-Bonbons – entweder man liebt sie oder man hasst sie. Wir finden, dass sie wunderbar schmecken. Mit ein bisschen Fingerspitzengefühl sind sie ganz einfach selber herzustellen. Man kann sie auch wie Schokostücke in Kekse einarbeiten, so bekommt man exotische, etwas herb-bittere Kekse. Auch Kuchen lässt sich damit aufpeppen. Einfach mal ausprobieren!

FÜR CA. 20 STÜCK

4 EL	Butter plus etwas Butter für die Form
125 g	Zucker
60 ml	Ahornsirup
2 EL	Zuckerrübensirup
60 ml	gezuckerte Kondensmilch
1 Pr.	Salz
6 EL	Vollkornmehl
50 ml	Anisextrakt
50 ml	Süßholzextrakt
optional	schwarze Lebensmittelfarbe

Ein Blech mit Backpapier auslegen.

Butter, Zucker, Ahornsirup, Zuckerrübensirup, Kondensmilch und Salz in einen Topf geben. Auf mittlerer Hitze zum Köcheln bringen, dabei permanent umrühren. Sobald die Temperatur 116 Grad erreicht hat (mit einem Küchenthermometer überprüfen), den Topf vom Herd nehmen und das Mehl, und optional Lebensmittelfarbe, unterrühren.

Anis- und Süßholzextrakt hineinrühren. Die Mischung in die vorbereitete Form füllen und im Kühlschrank fest werden lassen.

In kleine Würfel oder Schnüre schneiden, mit Wachspapier umkleiden.

EXTRA

Anis- und Süßholzextrakt könnt ihr ganz einfach selbst machen. Hierzu füllt ihr eine kleine Flasche klaren Alkohol mit Süßholzraspel (in der Apotheke oder im Reformhaus erhältlich) und eine weitere Flasche mit 3–4 Sternanis und lasst den Extrakt jeweils mindestens 4 Wochen ziehen!

KANDIERTE FRÜCHTE

Früchte können auch mittels »Kandieren« haltbar gemacht werden. Dabei wird der Zuckergehalt der Früchte auf mindestens 70 % erhöht und gleichzeitig der Wassergehalt entsprechend reduziert. So entsteht aus dem Obst eine zuckrige Süßigkeit.

Zum Kandieren eignen sich alle Früchte. Achtet darauf, dass die Früchte in mundgerechten Größen kandiert werden. Bei Obst mit Schale sollte man diese vorher einstechen, damit die Zuckerlösung eindringen kann. Äpfel, Birnen, Kirschen und Pflaumen müssen vor dem Kandieren blanchiert werden. Es eignen sich aber auch exotische Früchte wie Ananas, Mangos, Cranberries und Zitrusfrüchte. Diese Art der Konservierung ist allerdings keine Aufgabe für Eilige, denn das Ganze erstreckt sich über 5 Tage. Ihr solltet darauf achten, dass ihr nur ungespritzte Lebensmittel verwendet, sie frisch, ohne Schadstellen und komplett mit der Zuckerlösung bedeckt sind.

ZUTATEN

1 l	Wasser oder Fruchtsaft
1 kg	Zucker
250 g	Früchte

Wasser oder Fruchtsaft mit dem Zucker in einem Topf bei hoher Temperatur aufkochen. Anschließend auf ca. 20 Grad abkühlen lassen (mit einem Küchenthermometer überprüfen). Obst waschen, entkernen, trocken tupfen und in mundgerechte Stücke schneiden.

Früchte in ein feinmaschiges Sieb geben, Sieb in eine hitzebeständige Schüssel einhängen und nun die Zuckerlösung über die Früchte geben, bis sie vollständig darin schwimmen. Anschließend 24 Stunden darin ziehen lassen.

Am nächsten Tag das Sieb mit den Früchten aus der Schüssel nehmen. Die Zuckerlösung in einen Topf geben und bei hoher Hitze erneut aufkochen, bis das Wasser verdampft ist. Die Lösung auf 40 Grad abkühlen lassen, Früchte erneut übergießen und wieder 24 Stunden ziehen lassen.

Die Prozedur am dritten Tag wiederholen. Die Zuckerlösung jetzt aber auf 80 Grad abkühlen lassen. Ein viertes und letztes Mal die Zuckerlösung aufkochen. Hierbei sollte die Lösung mindestens eine Temperatur von 105 Grad erreichen. Diesmal die Lösung direkt über die Früchte gießen und nochmals 24 Stunden darin ziehen lassen.

Die Früchte nun auf einem Gitter vollständig trocknen.

TIPP

Nach dem Kandieren bewahrt ihr die Früchte einfach in einer luftdichten Kunststoffbox auf, so halten sie bis zu einem Jahr.

AUS DER FLASCHE

RHABARBER-ORANGEN-SIRUP
von Sabine

Dieser Sirup schmeckt köstlich mit Sprudel oder Sekt aufgegossen oder als Dessertsauce über Eis. Wenn ihr lieber einen klassischen Rhabarbersirup wollt, lasst einfach Orangenschale und -saft weg!

FÜR CA. 2 LITER

1kg	Rhabarber
1kg	Zucker
4	unbehandelte Bio-Orangen
1l	Wasser
1	Bio-Zitrone, Saft

Rhabarber waschen und putzen, aber nicht schälen, um möglichst viel Farbe in den Sirup zu bekommen. In Stücke schneiden und mit Zucker in eine Schüssel geben.

Orangen heiß abwaschen, mit einem Sparschäler dünn schälen und die Schalen zum Rhabarber geben.

Alles gut vermischen und über Nacht an einem kühlen Ort stehen lassen. Dabei gelegentlich umrühren.

Orangen auspressen, zum Rhabarber geben. Die Mischung mit Wasser und Zitronensaft in einen Topf bei hoher Hitze aufkochen, bis der Rhabarber vollständig zerfällt.

Den Sirup durch ein feines Sieb geben, nochmals aufkochen und in sterilisierte Flaschen abfüllen.

LIMETTENSIRUP

Dieses superschnelle und einfache Rezept genießen wir am liebsten als Limonade an warmen Tagen. Hierzu füllt ihr fingerbreit Sirup in ein Glas, gebt eine Scheibe Limette und etwas frische Minze dazu und gießt alles mit kaltem Sprudel auf. Wer möchte, gibt noch Eiswürfel dazu. Natürlich eignet sich der Sirup auch hervorragend, um Cocktails zu verfeinern.

FÜR CA. 750 ML

500 g	unbehandelte Bio-Limette
500 g	Vollrohrzucker
500 ml	Wasser
300 ml	Limettensaft

Limetten mit heißem Wasser übergießen und aus der Schale feine Zesten schneiden. Aber vorsicht, nicht das weiße Fruchtfleisch abschälen, sonst wird alles zu bitter.

Limetten auspressen. Alle Zutaten in einen Topf geben und bei hoher Hitze aufkochen lassen. Hitze reduzieren und ca. 30 Minuten kochen lassen, bis ein dickflüssiger Sirup entsteht.

Diesen durch ein sehr feines Sieb passieren.

In sterile Flaschen füllen.

ERDBEERSIRUP

Wir lieben diesen Sirup mit eiskaltem Sekt oder einfach mit Wasser aufgegossen. Passt aber natürlich auch als Sauce zu Eis oder zum Verfeinern von Süßspeisen. Zur Erdbeerzeit legen wir uns hiervon immer einen ganzen Vorrat an, in der Hoffnung, damit über den Winter zu kommen. Weil es aber so lecker ist, ist der Sirup meist schon viel zu früh aufgebraucht.

FÜR CA. 1 LITER

1 kg	Erdbeeren
500 g	Zucker
250 ml	Wasser
100 ml	Zitronensaft

Erdbeeren waschen, putzen und pürieren. Durch ein sehr feines Sieb passieren.

Zusammen mit den anderen Zutaten in einem großen Topf bei hoher Hitze aufkochen. Diese reduzieren und ca. 40 Minuten köcheln lassen, bis ein dickflüssiger Sirup entsteht.

In vorbereitete Flaschen abfüllen und gut verschließen.

WASSERMELONEN-HIMBEER-LIMONADE
von Katharina

Diese Limo serviert ihr am besten auf Eis und mit Mineralwasser. Je nach Vorliebe und Wetter wählt ihr das Mischverhältnis von Saft zu Wasser. Katharina bevorzugt eine Mischung im Verhältnis 1:1. Ihr könnt den Saft natürlich auch pur trinken oder mit einem Shot Wodka als Cocktail servieren. Wenn etwas übrig bleibt, könnt ihr das Püree gut als Sorbet einfrieren oder zum Frühstück unter den Naturjoghurt rühren.

FÜR 5 FLASCHEN À 250 ML FASSUNGSVERMÖGEN

1 kg	Wassermelone (ohne Kerne)
400 g	gefrorene oder frische Himbeeren
250 ml	Zitronensaft
600 ml	Kokosnusswasser Eiswürfel und Mineralwasser

Wassermelone von der Schale trennen, Fruchtfleisch zusammen mit den Himbeeren und dem Zitronensaft pürieren.

Fruchtpüree durch ein feines Sieb geben.

Mit Kokosnusswasser mischen und mindestens 2 Stunden kalt stellen. Mit Mineralwasser und Eiswürfeln auffüllen und die Erfrischung genießen.

DINKELMILCH

Für hausgemachte Dinkelmilch benötigt ihr unbedingt einen guten Mixer. Die Zubereitung klingt vielleicht etwas aufwendig, insgesamt ist sie allerdings wesentlich günstiger und bekömmlicher, als gekaufte und industriell hergestellte Dinkelmilch. In unserem Rezept ist die Milch gesüßt. Wenn ihr eure Milch weniger süß mögt, lasst den Agavendicksaft weg. Wer mag, kann noch 2 pürierte Bananen, 2 EL Kakaopulver und 1 Prise Zimt dazugeben.

FÜR 1 LITER

100 g	Dinkelkörner
200 ml	Wasser + 200 ml zum Einweichen
800 ml	kaltes Wasser
50 ml	Agavendicksaft
1 EL	neutrales Speiseöl
1 Pr.	Salz

Dinkel mit Wasser abdecken und über Nacht einweichen lassen.

Am nächsten Tag Wasser abgießen. Dinkel in einen Topf geben und mit frischem Wasser auffüllen. Bei hoher Hitze aufkochen. Hitze reduzieren und 10 Minuten bei mittlerer Hitze köcheln. Flüssigkeit erneut abgießen.

Körner mit kaltem Wasser in einen Mixer geben. Auf höchster Stufe ca. 5 Minuten häckseln, bis eine homogene Flüssigkeit entsteht.

Diese durch ein Mulltuch oder sauberes Geschirrhandtuch filtern.

Dinkelmilch, Agavendicksaft, Öl und Salz erneut in den sauberen Mixer geben und noch mal ca. 1 Minute pürieren.

In vorbereitete Flaschen füllen und im Kühlschrank lagern. Innerhalb weniger Tage aufbrauchen.

EXTRA

Die selbst gemachte Milch gelingt auch mit Haferflocken, Mandeln oder Cashewkernen!

VANILLEEXTRAKT

Besonders verbreitet ist Vanilleextrakt in amerikanischen Rezepten, wo er die Bourbon-Vanille oder den Vanillezucker ersetzt. Oft ist es allerdings ein künstlich hergestelltes Aroma. Mit ein bisschen Geduld kann man aber seinen eigenen Vanilleextrakt herstellen, ganz ohne künstliche Aromen.

Ideal zum Backen und Verfeinern von köstlichen Süßspeisen – besonders Cookies werden damit einfach himmlisch. Aber auch als Würze in Kombination mit pikanten und deftigen Gerichten eignet sich der Vanilleextrakt. Generell könnt ihr überall da, wo Vanillezucker oder das Mark einer Vanilleschote hineinkommt, diese mit 1 TL Extrakt ersetzen. Da Wodka sehr neutral riecht, ist er unser Favorit als Basis für den Extrakt. Aber auch Rum oder Bourbon eignen sich gut.

FÜR 250 ML

250 ml	Wodka, Rum oder Bourbon
2	Vanilleschoten

Eine saubere Flasche mit der Spirituose eurer Wahl auffüllen.

Vanilleschoten hineingeben und gut verschließen.
4–6 Wochen ziehen lassen.

Die Flasche mehrmals in der Woche drehen. Je länger die Schoten darin bleiben, desto aromatischer ist der Extrakt am Ende.

APFELLIMES
von Christin

Aus zwei mach eins! Apfelmus + Limes = Apfellimes. Natürlich könnt ihr den Limes auch mit anderen Früchten machen. Erdbeeren, Himbeeren oder Birnen – schmeckt alles wunderbar. Hierzu bereitet ihr das Mus wie unten beschrieben zu, ergänzt die Äpfel durch eure Frucht und passt die Zuckermenge gegebenenfalls an. Wenn es mal ganz schnell gehen muss, tut es auch gekauftes Apfelmus. Wir haben allerdings immer ein paar Gläser selbst gemachtes Apfelkompott zu Hause und pürieren es dann frisch für den Limes!

FÜR 2 FLASCHEN À 500 ML FASSUNGSVERMÖGEN

Apfelmus

750 g	säuerliche Äpfel
20 g	Zitronensaft
50 g	Zucker
40 g	Wasser
1 TL	Vanilleextrakt

Äpfel waschen, schälen, entkernen und klein schneiden.

Alle Zutaten in einen Topf geben und bei hoher Hitze aufkochen. Temperatur etwas herunterschalten und unter Rühren 20 Minuten köcheln, bis die Äpfel zerfallen.

Für den Limes ist es wichtig, dass ein sehr feines Mus entsteht, daher solltet ihr die Äpfel pürieren. Für ein Kompott lasst ihr die Äpfel wie sie sind, schlagt sie kräftig auf und füllt diese dann in sterile Gläser.

Limes

120 g	Apfelsaft
350 g	Apfelmus
50 g	Puderzucker
100 g	Calvados
150 g	Wodka
1 EL	Zitronensaft

Apfelsaft und Mus in einem Topf miteinander vermengen. Puderzucker in ein feines Sieb geben und durch Schütteln hineinsieben. Alles bei mittlerer Hitze aufkochen und anschließend 5 Minuten abkühlen lassen.

Alle weiteren Zutaten dazugeben, umrühren und in vorbereitete Flaschen füllen.

HYLDEBLOMST
DÄNISCHER
HOLUNDERBLÜTENSIRUP
von Sonja

Im Frühling ist Holunderblütenzeit. Selbst in der Stadt findet man Holunderbüsche, die geerntet werden wollen. Sonja kocht diese am liebsten als Sirup ein und nutzt diesen dann das ganze Jahr zum Aromatisieren von Getränken oder Süßspeisen. Im Sommer lässt sich der Sirup super mit eiskaltem Wasser aufgießen. Wenn es draußen kalt ist, genießen wir ihn als wärmenden Tee. Oder zu jeder Jahreszeit zum Mischen von Cocktails.

FÜR CA. 1,5 LITER

10–15	Holunderblütendolden
1	unbehandelte Bio-Zitrone
1 kg	Zucker
1,5 l	kochendes Wasser

Frisch gepflückte Holunderblüten vorsichtig von welken Blättern, Käfern und Ähnlichem säubern. Nicht waschen, da sonst der kostbare Blütenstaub verloren geht.

Zitrone in Scheiben schneiden und mit den Blüten in einen großen Topf geben. 4–5 EL des Zuckers darüberstreuen und mit kochendem Wasser übergießen. Mindestens 5 Stunden, am besten über Nacht, ziehen lassen.

Durch ein sauberes Geschirrtuch filtern, dabei die Blüten und Zitronenscheiben gut ausdrücken. Den Sud in einem Topf auffangen.

Restlichen Zucker dazugeben und bei hoher Hitze sprudelnd aufkochen lassen. In vorbereitete Schraubflaschen oder Gläser füllen. Ungeöffnet könnt ihr den Sirup bis zu 1 Jahr aufbewahren.

TONICSIRUP

von Nana

Tonic Wasser ist ein chininhaltiges Getränk mit einem bitteren Geschmack. Früher wurde es deswegen gerne regelmäßig von Kolonialarmeen getrunken, weil der Chiningehalt vor Malaria schützen sollte. Weil der bittere Geschmack aber nicht jedermanns Geschmack war, wurde er oft mit Gin als Gin Tonic getrunken. Dieser Sirup ist eine gute Alternative, um sein eigenes Tonic Wasser in einem individuellen Verhältnis zu mischen. Es ist dann nicht so trocken wie das aus dem Supermarkt und schmeckt fruchtiger.

FÜR CA. 1 LITER

3	Limetten, Schale
1	Zitrone, Schale
1	Orange, Schale
70 g	Zitronengras
20 g	gehackte Chinarinde (erhältlich im Kräuterhaus, im Onlinehandel oder in manchen Apotheken)
10 g	Zitronensäure
4	Pimentbeeren
10	rosa Pfefferbeeren
3	Kardamomkapseln
1 TL	Lavendelblüten
½ TL	Salz
800 ml	Wasser
300 g	Zucker

Die Schalen der Limetten, Zitrone und Orange dünn abtragen und in einen Topf geben. Zitronengras säubern und klein hacken. Gemeinsam mit allen weiteren Zutaten, außer dem Zucker, zu den Zitrusschalen geben und mit Wasser aufgießen.

72 Stunden kalt stellen. Zwischendurch gelegentlich umrühren.

Durch ein feines Sieb oder durch ein sauberes Baumwolltuch geben.

300 g Zucker zufügen. Bei mittlerer Temperatur aufkochen und ca. 5 Minuten köcheln lassen. Noch heiß in sterile Flaschen füllen.

Sirup im Verhältnis 1:3–1:4 mit Sprudelwasser mischen. Der Sirup eignet sich zum Beispiel bestens für einen Gin Tonic als Aperitif.

AROMATISIERTE ALKOHOLE

Fusionierte Spirituosen sind nicht nur tolle Mitbringsel, sie peppen klassische Drinks auf, wenn man gerne experimentiert. Auch warme alkoholbasierte Getränke wie Grogs oder Irish Coffee lassen sich so abwandeln. Der Fantasie sind keine Grenzen gesetzt. Besonders Wodka lässt sich so hervorragend personalisieren.

APFEL BOURBON
Für 0,75 Liter

1	Apfel
0,75 l	Bourbon
1	Zimtstange
2	Nelken

Apfel in einem Strang schälen, sodass eine lange Schalenschlange entsteht. Schale zur Seite stellen.

In ein sauberes Einweckglas oder eine Flasche geben, mit dem Bourbon auffüllen. Zimtstange und Nelken dazugeben. Darauf achten, dass alles gut bedeckt ist.

Bei Raumtemperatur ein paar Tage stehen lassen. Am zweiten Tag Zimt und Nelken entfernen.

Nach einer Woche Apfelschalen herausnehmen. Bourbon im Kühlschrank aufbewahren, er hält sich ein paar Wochen.

GRAPEFRUIT-ZITRONENGRAS-RUM ODER -WODKA
Für 0,75 Liter

2	Stangen Zitronengras
1	Bio-Grapefruit
0,75 l	Bourbon oder Wodka

Zitronengras längs vierteln.

Grapefruit heiß abwaschen, in runde Scheiben schneiden.

Alles in eine Flasche oder ein Weckglas geben, mit der Spirituose auffüllen und bei Raumtemperatur 1 Woche stehen lassen. Danach Zitronengras und Grapefruit entfernen.

FEIGEN-KARDAMOM-BRANDY
getrocknete Feigen

2	Vanilleschoten
2 EL	Kardamomkapseln
1 l	Brandy

Feigen vierteln.

Feigen, Vanilleschoten und Kardamomkapseln in eine Flasche geben und mit Brandy füllen.

Nach 1 Woche alles herausnehmen.

REGISTER

DANKE

An diesem Buch haben viele Menschen mit tatkräftiger
Unterstützung mitgearbeitet.

Einen ganz besonderen Dank an
Safinaz und *Mustafa Yilmaz*
Birgit und *Rolf Adam*
Jan Havermann
Hannes Plattmeier
Irmgard und *Heinz Adam*
Christine und *Gerd Havermann*
Tina Pieper
Julia Schwiegk
Kathi Fritsch
Johanna Werheid
Annie Hofmann
Pauline und *Jan* vom Salon Wechsel Dich
Julia Sommer
Alexandra Berg
Julia Popp
Claudia Hettwer
und natürlich prolightrent

Ein großes Dankeschön geht außerdem an alle Food Swap
Teilnehmer, ohne die es dieses Buch gar nicht geben würde.
Insbesondere an die, die uns Ihre Rezepte für dieses Buch
zur Verfügung gestellt haben.

Für eure Zeit und die schönen Portraits danken wir
Irmgard und *Heinz Adam, Hannes Plattmeier,*
Pauline Bouteleux und *Jan Havermann, Janina* und
Elise Redeker, Anna Wegelin, Kathi Fritsch, Eliane Neubert,
Janet Selcuk, Jonas Arleth, Familie Zimmermann-Hofner,
Stefanie Herbst.

Edel Books
Ein Verlag der Edel Germany GmbH

Copyright © 2016 Edel Germany GmbH, Neumühlen 17, 22763 Hamburg
www.edel.com

1. Auflage 2016

Copyright Fotografien © Yelda Yilmaz

Projektkoordination Julia Sommer
Rezepttexte und Rezepte Swantje Havermann, Yelda Yilmaz
Fotografien und Coverbild Yelda Yilmaz
Texte Julia Popp

Layout, Satz und Umschlaggestaltung Alexandra Berg für Groothuis.
Gesellschaft der Ideen und Passionen mbH | www.groothuis.de

Lektorat und Korrektorat Julia Sommer, Brigitte Hamerski

Lithografie Frische Grafik | www.frische-grafik.de

Druck und Bindung optimal media GmbH, Glienholzweg 7
17207 Röbel / Müritz | www.optimal-media.com

Alle Rechte vorbehalten. All rights reserved. Das Werk darf – auch teilweise –
nur mit Genehmigung des Verlages wiedergegeben werden.

Printed in Germany

ISBN 978-3-8419-0416-4